# मैं डेल कारनेगी बोल रहा हूँ

# मैं डेल कारनेगी बोल रहा हूँ

सं. महेश दत्त शर्मा

*प्रकाशक*

**प्रभात प्रकाशन प्रा. लि.**

4/19 आसफ अली रोड, नई दिल्ली–110002

फोन : 011–23289777 • हेल्पलाइन नं. : 7827007777

इ–मेल : prabhatbooks@gmail.com ❖ वेब ठिकाना : www.prabhatbooks.com

*संस्करण*

2026



*पेपरबैक मूल्य*

तीन सौ पचास रुपए

*मुद्रक*

नरुला प्रिंटर्स, दिल्ली

———— ★ ————

**MAIN DALE CARNEGIE BOL RAHA HOON**

*Ed.* Shri Mahesh Dutt Sharma

Published by **PRABHAT PRAKASHAN PVT. LTD.**

4/19 Asaf Ali Road, New Delhi-110002

ISBN 978-93-5266-802-1

₹ 350.00 (PB)

# अपनी बात

महान् विचारक और उनके विचार सदा से ही मानव सभ्यता के दिग्दर्शक रहे हैं। इनके अनुभूत मौलिक चिंतन ने सदैव ही समाज और राष्ट्र-निर्माण की दिशा में महती कार्य किया है। आज से वर्षों पहले इनके मुख से निकले विचार आज भी उतने ही प्रासंगिक और शाश्वत हैं, जितने तब थे।

दुनिया भर में महान् विचारकों की एक बृहत् शृंखला रही है। सुकरात, अरस्तु, प्लेटो, कंफ्यूशियस, पायथागोरस इत्यादि वे नाम हैं, जो विश्व-दर्शन में उच्च स्थान रखते हैं। इनके विचार व्यक्ति और व्यक्तित्व में आमूल-चूल परिवर्तन लाने में समर्थ हैं।

प्रस्तुत पुस्तक में विश्व के एक महान् सदाबहार विचारक डेल कारनेगी की संक्षिप्त जीवनी और उनके मौलिक विचारों का संकलन किया गया है, जो निश्चित ही हमारे मर्म को गहरे प्रभावित करने में सक्षम हैं। इनका अनुकरण हमारे जीवन को मूल्यवान् बनाने में सक्षम है।

**—महेश दत्त शर्मा**

# अनुक्रम

# डेल कारनेगी : संक्षिप्त जीवनी

डेल कारनेगी एक लोकप्रिय लेखक, प्रखर वक्ता, सुलझे हुए विचारक और मोटिवेशनल गुरु थे। उनका जन्म 24 नवंबर, 1888 को एक गरीब किसान दंपती जॉन विलियम कारनेगी और अमंडा एलिजाबेथ कारनेगी के घर संयुक्त राज्य अमरीका के मेरीविले, मिसौरी में हुआ।

डेल कारनेगी बचपन से ही वाक्पटु थे। वे बातों-ही-बातों में लोगों को प्रभावित कर उन्हें अपना दोस्त बना लेते थे। स्कूली डिबेट में भी बढ़-चढ़कर हिस्सा लेते थे और इसी के चलते स्कूल में वे एक अच्छे वक्ता के रूप में जाने जाने लगे थे।

स्कूल और कॉलेज की पढ़ाई के दौरान उन्होंने अनेक भाषण प्रतियोगिताओं में भाग लिया और लगभग सभी में अव्वल रहे। इसी दौरान उनकी भाषण-कला से प्रभावित होकर अनेक विद्यार्थी भाषण-कला सीखने का प्रस्ताव लेकर उनके पास आने लगे, लेकिन अभी उन्होंने इसे गंभीरता से नहीं लिया था और अपनी पढ़ाई में ही जुटे रहे।

वर्ष 1908 में स्नातक शिक्षा के बाद डेल कारनेगी ने भ्रमणशील विक्रेता (ट्रेवलिंग सेल्समैन) के रूप में अपना कॅरियर आरंभ किया, लेकिन जल्दी ही इस काम से उनका मन उकता गया। वर्ष 1911 तक उन्होंने इस नौकरी से 500 डॉलर की बचत कर ली और इसके बाद वह नौकरी छोड़ दी तथा न्यूयॉर्क आ गए। वे एक्टर बनना चाहते थे; इसके लिए उन्होंने अमेरिकन एकेडमी ऑफ ड्रामेटिक आर्ट्स में प्रशिक्षण लिया। इसके बाद

थियेटर में उन्हें एक बड़ा रोल मिला भी, लेकिन यहाँ उन्हें कई कटु अनुभव हुए और उन्होंने थियेटर से तौबा कर ली। इसके बाद डेल कारनेगी ने देश की फौज में नौकरी की। यह प्रथम विश्वयुद्ध का दौर था। उन्हें एक टापू पर तैनात किया गया। कुछ साल फौज में बिताने के बाद उन्होंने लॉवेल थॉमस नामक एक लेखक के बिजनेस मैनेजर के रूप में काम किया। लॉवेल शहरों में घूम-घूमकर लैक्चर कोर्स चलाते थे। कुछ समय बाद इस नौकरी से निजात पाकर डेल कारनेगी न्यूयॉर्क आ गए। उन्होंने फैसला कर लिया कि वे पब्लिक स्पीकिंग क्लासेस शुरू करेंगे। उन्होंने वाई.एम.सी.ए. (यंग मैन क्रिश्चियंस एसोसिएशन) से संपर्क किया। लाभांश के बँटवारे पर उन्हें वहाँ रात्रि कक्षा चलाने की जगह मिल गई।

उनकी कक्षाओं को हाथोहाथ सफलता मिलने लगी। वे अपने व्यवसायी विद्यार्थियों को साक्षात्कार देने व लेने की कला, सकारात्मक संबंध बनाने की कला इत्यादि सिखाने लगे। उनके विद्यार्थी सप्ताहांत आकर बताते थे कि उन्होंने क्लासेस के अनुभव से कैसे सकारात्मक लाभ उठाया।

दो साल में ही डेल कारनेगी के कोर्स ने इतनी लोकप्रियता हासिल कर ली कि अब उन्हें वाई.एम.सी.ए. के सहारे की जरूरत नहीं रह गई थी और उन्होंने अपना निजी इंस्टीट्यूट खोल लिया।

वर्ष 1913 में उन्होंने अपने कोर्स की टेक्स्ट बुक के तौर पर अपनी पहली पुस्तक 'पब्लिक स्पीकिंग ऐंड इन्फ्लूएंसिंग मैन ऑफ बिजनेस' प्रकाशित की। इसी के साथ अपने विद्यार्थियों और वक्त की जरूरत के हिसाब से वे क्रमशः अपने पाठ्यक्रम में सुधार करते रहे। उनका संस्थान भी देश-विदेश में लोकप्रिय होता चला गया।

वर्ष 1931 में अपने लंबे शोध के बाद डेल कारनेगी ने 'हाऊ टू विन फ्रेंड्स ऐंड इन्फ्लूएंस पीपल' नामक पुस्तक प्रकाशित की। इसके लिए उन्होंने सैकड़ों महान् लोगों की जीवनियाँ पढ़ीं कि उन्होंने अपने जीवन में किस तरह सफलता प्राप्त की। यह पुस्तक उनके जीवन का एक टर्निंग

पॉइंट साबित हुई। शुरुआत में पुस्तक की केवल 5000 प्रतियाँ छपवाई गई थीं, लेकिन इसकी माँग इतनी तेजी से बढ़ी कि कारनेगी के जीवनकाल में ही इसकी लगभग 50 लाख प्रतियाँ बिक गईं और दुनिया की 75 से अधिक भाषाओं, लगभग हर प्रमुख भाषा में उसका अनुवाद प्रकाशित हुआ, सो अलग।

इस पुस्तक के प्रकाशन के साथ ही डेल कारनेगी इंस्टीट्यूट की लोकप्रियता में जबरदस्त विस्फोट हुआ। डेल कारनेगी के जीवनवाल के दौरान ही 750 से ज्यादा अमरीकी शहरों तथा 15 अन्य देशों में उनके इंस्टीट्यूट की शाखाएँ खुल गईं। वर्ष 1953 में डेल कारनेगी अपना मुख्यालय मेनहटन ले गए। 1 नवंबर, 1955 को उनके निधन तक दुनिया भर के लगभग साढ़े चार लाख लोग उनकी क्लासेस गें भाग ले चुके थे, जिनमें देश–विदेश के नामचीन राजनेता और कलाकार भी शामिल थे। अपने व्याख्यानों के साथ–साथ डेल कारनेगी ने अनेक हस्तियों की जीवनियाँ भी लिखीं। उनका कहना था कि सफलता का रहस्य जानना हो तो इतिहास के सबसे सफलतम लोगों की जीवनियों का अध्ययन करो।

डेल कारनेगी ने अनेक सेल्फ इंप्रूवमेंट पुस्तकें लिखीं, जिनमें 'हाऊ टू स्टॉप वरिंग ऐंड स्टार्ट लिविंग', 'हाऊ टू डेवलप सेल्फ कॉन्फिडेंस ऐंड इन्फ्लूएंस पीपल', 'हाऊ टू एन्जॉय योर लाइफ', 'हाऊ टू मेक अवर लिसनर्स लाइक अस' इत्यादि शामिल हैं।

कारनेगी ने दो शादियाँ कीं। 1931 में पहली शादी टूटने के बाद उन्होंने वर्ष 1944 में डोरथी प्राइस वेंडरपूल से शादी की। डोरथी ने डेल कारनेगी इंस्टीट्यूट के विस्तार में जीवंत भूमिका अदा की, साथ ही पाठ्यक्रम में कई प्रकार के सुधार और संशोधन किए। इस कोर्स के साथ प्रोफेशनल युवतियों को जोड़ना उनकी सबसे बड़ी उपलब्धि रही।

आज 75 से ज्यादा देशों में उनके इंस्टीट्यूट की शाखाएँ फैली हैं, जहाँ से लाखोलाख शरमीले बिजनेसमैन बिंदास होकर निकलते हैं और

अपने माहौल में इस तरह खप जाते हैं कि सबको अपने अनुकूल बना लेते हैं।

प्रस्तुत पुस्तक में हमने डेल क़ारनेगी के जीवन के निचोड़-स्वरूप उनके चुनिंदा कथन संकलित किए हैं; इन्हें दैनंदिन जीवन में प्रयोग कर निश्चित ही जीवन की अपेक्षित बुलंदियों को सहजता से छुआ जा सकता है।

# अ

## अभ्यास

अंदाज कितना भी अप्राकृतिक क्यों न हो, अभ्यास के जरिए सुधारा जा सकता है।

❁ ❁ ❁

अगर योग्य नहीं हैं तो लगातार अभ्यास से स्वयं को योग्य बनाएँ। फिर एक दिन सुबह की किरण फूटेगी, जो योग्यता का संकेत होगी।

❁ ❁ ❁

अपने आस-पास घटनेवाली घटनाओं की मानसिक छवि बनाने का अभ्यास कीजिए, जाहिर तौर पर आपकी याददाश्त बढ़ जाएगी।

❁ ❁ ❁

झिझक दूर कीजिए, अंदाज विकसित कीजिए और अभ्यास के जरिए कमियों को सुधारिए।

❁ ❁ ❁

अभ्यास की मात्रा कम या ज्यादा होने से कोई फर्क नहीं पड़ता। महत्त्व केवल निरंतर अभ्यास का होता है। अभ्यास के बिना तैयारी संपूर्ण नहीं हो सकती।

❁ ❁ ❁

ज्यादा शोर-शराबे में ध्यान केंद्रित करना मुश्किल होता है, अतः भीड़ में खुद को अकेला समझने का अभ्यास कीजिए। यकीन मानिए, यह मुमकिन है।

❁ ❁ ❁

अभ्यास, अभ्यास और केवल अभ्यास के जरिए ही दर्शकों के समक्ष पैदा होनेवाले भय से मुक्त हुआ जा सकता है।

❁ ❁ ❁

इससे पहले कल्पना व्यक्ति पर हावी हो, अभ्यास द्वारा व्यक्ति को कल्पना-शक्ति पर हावी हो जाना चाहिए। इससे पहले कि चिंता आपको खत्म करे, आप चिंता को खत्म कर दें।

❁ ❁ ❁

ईश्वरीय शक्ति भी आलस से भरे व्यक्ति को काबिल नहीं बना सकती। उँगलियों को फुरती से चलाने का अभ्यास ताबड़तोड़ गोलियाँ चलाने में सक्षम बंदूक से ज्यादा महत्त्वपूर्ण होता है।

❁ ❁ ❁

किसी विषय को सुनते या पढ़ते वक्त दिमाग में चल रही बाकी सभी उलझनों को दूर करने का अभ्यास कीजिए।

❁ ❁ ❁

## अप्रासंगिक

व्यक्ति के अच्छे कामों की दिल खोलकर तारीफ करें, इससे पहले कि आप अप्रासंगिक हो जाएँ।

❁ ❁ ❁

## अभिवादन

होंठों और जीभ की मांसपेशियों को हिलाए बिना अभिवादन नहीं किया जा सकता।

### अकर्मण्यता

अकर्मण्यता संदेह और भय को जन्म देती है। कर्मशीलता आत्मविश्वास और साहस को जन्म देती है।

❁ ❁ ❁

### अच्छा

मैं किसी से बुरा नहीं कहूँगा और जिसे भी जानता हूँ, हमेशा अच्छा कहूँगा।

❁ ❁ ❁

### अपेक्षा

याद रखिए, यदि किसी प्रकार की अपेक्षा किए बिना आप दोस्ती का हाथ बढ़ा रहे हैं तो यह लंबे समय तक टिकेगी।

❁ ❁ ❁

### अदूरदर्शिता

हमारी अदूरदर्शिता एवं अज्ञानता हमें असफलता की तरफ मोड़ती है।

❁ ❁ ❁

### अकेला

वही सबसे तेज चलता है, जो अकेला चलता है।

❁ ❁ ❁

### अंतर

सच्चे नेता और ढोंगी के बीच कार्य-प्रणाली एवं अंदाज का नहीं, बल्कि सिद्धांतों का अंतर होता है।

❁ ❁ ❁

### अवसर

अगर आपको नीबू मिले तो उसे फौरन निचोड़ लें। अर्थात् अवसर हाथ आते ही फौरन उसका लाभ उठा लें।

अवसर की प्रतीक्षा में मत बैठो। आज का अवसर ही सर्वोत्तम है।

❁ ❁ ❁

## अनुभव

अनावश्यक टीका-टिप्पणी में अपने को खर्च न करें। अनुभव और जानकारी जुटाने के लिए सही मौके का इंतजार करना व्यर्थ है। इसके लिए क्या किसी मुहूर्त की जरूरत होती है?

❁ ❁ ❁

कार में पंद्रह मिनट के सफर से भी शायद कुछ नया अनुभव प्राप्त हो सकता है।

❁ ❁ ❁

अनुभव की पाठशाला में जो पाठ सीखे जाते हैं, वे पुस्तकों और विश्वविद्यालयों में नहीं मिलते।

❁ ❁ ❁

## असफल

असफल हो जाएँ तो मानकर चलें कि कदाचित् सफलता के लिए जिन क्षेत्रों एवं विधाओं के ज्ञान की आवश्यकता थी, वह पूरी तरह से मुकम्मल नहीं हो पाई थी।

❁ ❁ ❁

## असफलता

असफलता को सफलता में बदलो। निराशा और असफलता सफलता के रास्ते में आनेवाले दो निश्चित अवरोध हैं।

❁ ❁ ❁

असफलता जनित निराशा तथा हताशा की तेज आँधी के बाद यदि कुछ

शेष बच जाता है तो वह है साहस की ऊर्जा में वृद्धि।

❁ ❁ ❁

सपनों को साकार करने में असफलताओं की महती भूमिका होती है। सफल आदमी अपनी गलतियों का फायदा उठाता है और कामों को दूसरे तरीके से करने की कोशिश करता है।

❁ ❁ ❁

असफलता जैसा कुछ नहीं होता, होता है तो बस अनुभव और आपकी उनपर प्रतिक्रिया।

❁ ❁ ❁

असफलता से ठहरे एवं अकर्मण्य जीवन को निरंतर आगे बढ़ने का एक बड़ा मकसद प्राप्त होता है।

❁ ❁ ❁

असफलता से प्राप्त साहस, धैर्य एवं धर्म के सबक को किसी अन्य वैकल्पिक साधनों से प्राप्त करना संभव नहीं है।

❁ ❁ ❁

असफलता से सफलता का सृजन कीजिए; निराशा और असफलता सफलता के दो निश्चित आधार–स्तंभ हैं।

❁ ❁ ❁

असफलता हमारे जीवन की सफलताओं का सोपान है।

❁ ❁ ❁

असफलता के अनेक कारणों में से एक कारण व्यक्ति की मानसिक चंचलता होती है। गलत दिशा में किया गया प्रयत्न अपनी शक्तियों को नष्ट करने के सिवाय कुछ नहीं है।

### अस्पताल

अस्पताल में सहमी हुई आवाजें हताशा पैदा करती हैं।

❁ ❁ ❁

### अहंकार

अहंकार सबसे ज्यादा प्रदर्शित होनेवाला व्यवहार होता है।

❁ ❁ ❁

ऊँचा उठना है तो अपने अंदर के अहंकार को निकालकर स्वयं को हलका कीजिए, क्योंकि ऊँचा वही उठता है, जो हलका होता है।

❁ ❁ ❁

### अभागा

उससे ज्यादा अभागा कोई नहीं होता, जो संतुष्टि को अपने आप में नहीं, बल्कि औरों में खोजता है।

❁ ❁ ❁

### अपराध

उसे ऐसी कोई बात न तो कहने और न ही कोई ऐसा काम करने का अधिकार है, जो किसी व्यक्ति को उसकी स्वयं की नजरों से गिरा दे। मैं उसके बारे में क्या सोचता हूँ, महत्त्व इस बात का नहीं है, वह स्वयं अपने बारे में क्या सोचता है, महत्त्वपूर्ण इसका है। किसी के मान को आहत करना एक अपराध है।

❁ ❁ ❁

### अंतर्दृष्टि

एक पल की अंतर्दृष्टि कभी-कभी जीवन भर का अनुभव दे जाती है।

❁ ❁ ❁

### असंभव

प्रत्येक अच्छा कार्य पहले असंभव नजर आता है।

## अवरोध

समझ–बूझ के पुल बनाने की कोशिश करें। गलतफहमी के ऊँचे अवरोध खड़े न करें।

□

# आ

## आँकना

यहाँ तक कि भगवान् भी किसी आदमी को उसके अंतिम दिनों से पहले तक आँकने का प्रस्ताव नहीं करते तो मैं और आप कौन होते हैं?

❁ ❁ ❁

## आकलन

युद्ध में बिना तैयारी और सैनिकों की संख्या का आकलन किए बिना उतरना हानिकारक साबित होता है।

❁ ❁ ❁

## आवाज

तेज आवाज में बोलना शक्ति का प्रतीक नहीं होता।

❁ ❁ ❁

सशक्त आवाज के लिए न तो उसका भारी होना जरूरी होता है और न ही बेहद नम्र होना।

❁ ❁ ❁

दूरी तक आवाज पहुँचाने के लिए केवल चिल्लाना काफी नहीं होता है। इसके लिए शब्दों की स्पष्टता बेहद आवश्यक होती है।

❁ ❁ ❁

सुरीली आवाज का रहस्य शिथिलता में छुपा होता है।

❁ ❁ ❁

नीचे गिरते पत्थरों की भारी आवाज कभी कर्णप्रिय लगती है तो कभी अति कष्टदायक।

❁ ❁ ❁

## आविष्कार

रहस्यमय स्वभाव से विज्ञान के महान् आविष्कार नहीं किए जा सकते।

❁ ❁ ❁

## आत्मविश्वास

तैयार वक्ता ही आत्मविश्वास से ओत-प्रोत हो सकता है।

❁ ❁ ❁

आत्मविश्वास और जी-तोड़ मेहनत से कई व्यक्तियों ने असंभव कार्य को अंजाम देकर महान् उदाहरण पेश किए हैं।

❁ ❁ ❁

आत्मविश्वास बढ़ाने की यह रीति है कि वह काम करो, जिसको करते हुए डरते हो। इस प्रकार ज्यों-ज्यों तुम्हें सफलता मिलती जाएगी, तुम्हारा आत्मविश्वास बढ़ता जाएगा।

❁ ❁ ❁

आत्मविश्वास महामारी के समान संक्रामक होता है।

❁ ❁ ❁

आत्मविश्वास हमेशा सही रहने के डर से नहीं, बल्कि कभी गलत न होने के डर से आता है।

❁ ❁ ❁

आत्मविश्वास हासिल करने के लिए आत्मविश्वासी होना आवश्यक होता है।

❁ ❁ ❁

आत्मविश्वास ही निश्चय को दृढ़ता प्रदान करता है।

❁ ❁ ❁

## आदमी

दो आदमियों ने जेल की सलाखों से बाहर देखा—एक ने कीचड़, दूसरे ने तारों को देखा।

❁ ❁ ❁

## आकर्षण

बात का बतंगड़ बनाने में कोई आकर्षण नहीं होता।

❁ ❁ ❁

मानसिक शक्ति के भंडार में चुंबकीय आकर्षण होता है।

❁ ❁ ❁

## आदत

अपने वर्तमान हालात पर स्वयं को कोसना केवल अपनी ऊर्जा को बरबाद करना ही नहीं है, बल्कि आपकी आदतों में शामिल सबसे खराब आदत है।

❁ ❁ ❁

अशुद्ध, पाशविक और स्वार्थी विचारों से स्नेह व परोपकार से परिपूर्ण आदतों का विकास नहीं हो सकता।

❁ ❁ ❁

आदत विकसित करने के लिए दृढ़ निश्चय और कठिन प्रयास की जरूरत होती है।

किसी चीज को बार–बार दोहराने से आदत विकसित हो जाती है। फर्क बस इतना है कि साधारण आदतें आसानी से विकसित हो जाती हैं, जबकि विशेष आदतों के लिए लंबा अभ्यास करना पड़ता है।

❁ ❁ ❁

केवल घर लौटने तक की रकम जेब में डालकर चलने की आदत मुसीबत के समय में बहुत महँगी पड़ती है।

❁ ❁ ❁

खुद के लिए और अपनी मौजूदा स्थिति के लिए अफसोस करना न केवल ऊर्जा की बरबादी है, बल्कि सबसे बुरी आदत है, जो आपके अंदर है।

❁ ❁ ❁

## आलोचना

आलोचना एक भयानक चिनगारी है; ऐसी चिनगारी, जो अहंकार रूपी बारूद के गोदाम में विस्फोट उत्पन्न कर सकती है और वह विस्फोट कभी–कभी मृत्यु को शीघ्र ले आता है।

❁ ❁ ❁

आलोचना एक राक्षस है। एक ऐसा राक्षस, जो स्वयं को ही खाता है।

❁ ❁ ❁

आलोचना और निंदा कर्मचारियों, परिजन व मित्रों को और अनैतिक बना देते हैं। इनसे बचने में ही भलाई है।

❁ ❁ ❁

किसी की आलोचना न करें, उनके हालात वैसे ही हैं, जैसे कभी हमारे रहे होंगे।

❁ ❁ ❁

आलोचना करना स्व-पराजय के चक्र में उलझना है। आलोचना करना, दोष लगाना और बात-बात में शिकायत करना दोस्ती में बाधक है। इसके विपरीत दूसरों की मदद करना, लोगों द्वारा किए छोटे-छोटे काम के लिए धन्यवाद का भाव और प्रशंसा करना दोस्ती में सहायक होते हैं।

❁ ❁ ❁

आलोचना करने से व्यक्ति अपनी निगाह में गिर जाता है। इससे उसका आत्मगौरव घटता है।

❁ ❁ ❁

आलोचना खतरनाक है, क्योंकि यह लोगों के गर्व को जख्मी कर देती है; उनके महत्त्वपूर्ण होने की भावना को चोट पहुँचाती है और उन्हें विद्वेष से भर देती है।

❁ ❁ ❁

आलोचना निरर्थक है, क्योंकि यह व्यक्ति को रक्षात्मक बना देती है और वह आमतौर पर स्वयं को न्यायोचित ठहराने लगता है।

❁ ❁ ❁

दूसरों के मुकाबले किसी की आलोचना करके उसकी महत्त्वाकांक्षाओं को मारना सबसे बड़ी बुराई है। मैं कभी किसी की आलोचना नहीं करता। मैं प्रशंसा के प्रति उत्सुक होता हूँ और गलती के प्रति अनिच्छुक। चाहे मैं कुछ हूँ तो प्रशंसा में हार्दिक और उत्साह बढ़ाने में उदार हूँ।

❁ ❁ ❁

दूसरों की आलोचना करना बेकार है और यदि आप इसमें लिप्त होते हैं तो अकसर आपको चेतावनी मिलती है कि आप अपने कॅरियर को खतरे में डाल रहे हैं।

❁ ❁ ❁

ध्यान रखें, आलोचनाएँ घरेलू कबूतरों की तरह होती हैं; वे हमेशा लौटकर हम तक आती हैं।

❁ ❁ ❁

नकारात्मक आलोचना हानिप्रद है, जबकि सकारात्मक आलोचना आगे बढ़ने के लिए आवश्यक है।

❁ ❁ ❁

## आवाज

आवाज पैदा करनेवाली तरंगें तनावपूर्ण मांसपेशियों के मुकाबले तनावमुक्त मांसपेशियों से टकराकर ज्यादा मधुर स्वर पैदा करती हैं।

❁ ❁ ❁

आवाज बेहद नाजुक होती है। इसके साथ सख्ती से पेश नहीं आना चाहिए।

❁ ❁ ❁

आवाज भी व्यक्ति विशेष से संबंधित कई राज खोलती है।

❁ ❁ ❁

## आप

आप ईश्वर के समान हैं, जिसमें कई विशेषताएँ हैं। आप कभी बेईमानी से जीत हासिल भी कर लें तो वह एक खाली जीत होगी, क्योंकि उसमें आपके प्रतिद्वंद्वी की सद्भावनाओं का अभाव होगा।

❁ ❁ ❁

आप जितने भी लोगों से मिलते हैं, उनमें से तीन-चौथाई से ज्यादा सहानुभूति के भूखे-प्यासे होते हैं। यह उन्हें दें, वे आपसे प्यार करने लगेंगे।

❁ ❁ ❁

आप जैसा सोचते हैं, उसके लिए मैं आप में दोष नहीं निकाल सकता।

अगर मैं आपकी जगह होता तो मैं भी निस्संदेह यही सब करता। मान लें कि आपको वही शरीर, स्वभाव और मस्तिष्क मिला है, आप उसी वातावरण में उन्हीं अनुभवों के बीच हैं, तब आप भी ठीक वहीं करेंगे।

❁ ❁ ❁

वास्तव में आप जैसे हैं, उसके लिए आप बिल्कुल जिम्मेदार नहीं हैं, लेकिन स्मरण रखें, आपके पास आनेवाले क्रोधी, दुराग्रही और अतार्किक लोग अपनी बुराइयों के लिए पूरी तरह जिम्मेदार होते हैं।

❁ ❁ ❁

आप जो करने से डरते हैं, उसे करिए और करते रहिए, अपने डर पर विजय पाने का यह सबसे पक्का और शीघ्रता वाला तरीका है, जो आज तक खोजा गया है।

❁ ❁ ❁

आप जो होते हैं, वही कह सकते हैं। आप जैसे हैं, वैसे ही दिख सकते हैं। आपको वैसा ही होना चाहिए, जैसा आपको आपके अनुभवों, परिवेश और पूर्वजों ने निर्मित किया है। बेहतर हो या बदतर, जीवन के रंगमंच पर आप वही कला दिखाएँ, जो आपको आती हो।

❁ ❁ ❁

आप दो महीने में इतने दोस्त बना सकते हैं, जितने लोगों को दो साल में अपनी ओर आकर्षित नहीं कर सकते।

❁ ❁ ❁

आप दोस्तों का चुनाव सावधानीपूर्वक नहीं करते हैं तो संभव है कि दोस्ती सफलता की सीढ़ी बनने के बजाय साँपसीढ़ी बन जाए और आपकी प्रतिभा एवं प्रतिष्ठा दोनों को नुकसान पहुँचा दे।

❁ ❁ ❁

आप फिर ऊर्जा से भरने जा रहे हैं तथा अच्छी चीजें फिर से शुरू होनेवाली हैं और एक दिन जब आप पीछे मुड़कर देखेंगे तो पाएँगे कि वे चीजें इतनी बुरी भी नहीं थीं।

❁ ❁ ❁

आप सब लोग सच में तीन भाषण हमेशा देते हैं—एक, जिसका आप अभ्यास करते हैं, दूसरा, जो आप देते हैं और तीसरा, जो आप देना चाहते हैं।

❁ ❁ ❁

आप सिर्फ हुक्म चलाकर नतीजे हासिल नहीं कर सकते; इसके लिए आपका प्रभावी होना जरूरी होता है।

❁ ❁ ❁

आप सूर्य की रोशनी में माचिस की तीली को काँच के टुकड़े के नीचे रखकर जला सकते हैं, लेकिन काँच के टुकड़े को बार-बार हटाने से तीली नहीं जलेगी।

❁ ❁ ❁

आपके पास क्या है या आप क्या हैं, या आप कहाँ हैं या आप क्या कर रहे हैं, इन बातों से आप खुश या मायूस नहीं होते। आप किस बारे में सोचते हैं, उससे अवश्य होते हैं।

❁ ❁ ❁

**आज**

आज में ही जिएँ, भविष्य में जो अज्ञात है, उसके पीछे आज को न बिगाड़ें।

❁ ❁ ❁

आज में जिएँ, कल किसने देखा। आज का भरपूर उपयोग करें। चीजों

में रुचि लें। स्वयं को जाग्रत् रखें। आदतों का विकास करें। प्रोत्साहन और प्रेरणा से भरे रहें।

❁ ❁ ❁

जब तक आप अपने अतीत को याद करते रहेंगे, भविष्य की योजना नहीं बना पाएँगे। बीता हुआ कल अच्छा या बुरा जो हो, आपको अपने आनेवाले कल को बेहतर बनाना है और वह तब बनेगा, जब आप अपने आज पर ध्यान देंगे।

❁ ❁ ❁

आज को उत्साह से जिएँ।

❁ ❁ ❁

आज ही हमारा सबसे बहुमूल्य अधिग्रहण है। यही हमारा एकमात्र निश्चित अधिग्रहण है।

❁ ❁ ❁

## आलस्य

अधिक आत्मविश्वास आलस्य का घनिष्ठ मित्र होता है।

❁ ❁ ❁

□

# इ

### इंजन

इंजन कितना भी उत्तम हो, ईंधन के अभाव में उससे काम नहीं लिया जा सकता।

❁ ❁ ❁

### इंतजार

यदि पानी का कुंड खाली है तो बारिश का इंतजार कीजिए या फिर जरूरत पूरी करने के लिए कुआँ खोद्रिए।

❁ ❁ ❁

### इनकार

जब कोई व्यक्ति 'नहीं' में जवाब देता है और वह वास्तविक इनकार होता है तो वह इन दो अक्षरों से कुछ अधिक सूचित करता है। उसका पूरा शरीर ग्रंथियाँ, तंत्रिकाएँ, मांसपेशियाँ, सबकुछ इकट्ठी होकर अस्वीकृति की ओर इशारा करती हैं।

❁ ❁ ❁

### इच्छा

यदि इच्छा दृढ़ है तो सफलता अवश्य मिलेगी।

❁ ❁ ❁

## इच्छाशक्ति

दक्षता हासिल करने में इच्छाशक्ति सर्वोपरि है।

❁ ❁ ❁

देखने-समझने की इच्छाशक्ति और उत्सुकता को खत्म कर अप्रदर्शित सत्य की जानकारी हासिल नहीं की जा सकती।

❁ ❁ ❁

व्यक्ति की इच्छाशक्ति से बड़ा कुछ नहीं होता। व्यक्ति की बाहरी ताकत से प्रभावित होनेवाली वास्तविक शक्ति अंतर्मन से जन्म लेती है।

❁ ❁ ❁

समस्या से उभरने के लिए इच्छाशक्ति का दृढ़ होना आवश्यक होता है। याद रहे कि इच्छाशक्ति हर स्थिति में बरकरार रहनी चाहिए।

❁ ❁ ❁

## इनसान

इनसान की गलतियाँ ही उसके जीवन की वास्तविक खोज होती हैं।

❁ ❁ ❁

इनसान को नमक की तरह होना चाहिए, जो भोजन में होता है, मगर दिखाई नहीं देता और अगर न हो तो उसकी बहुत कमी महसूस होती है।

❁ ❁ ❁

किसी की नजरों से गिरा हुआ इनसान कभी नहीं उठ सकता।

❁ ❁ ❁

इनसान मकान बदलता है, वस्त्र बदलता है, संबंध बदलता है, दोस्त बदलता है, लेकिन फिर भी दुःखी रहता है, क्योंकि वह अपना स्वभाव नहीं बदलता।

❁ ❁ ❁

इनसान केवल अपनी सीमाओं के दायरे में ही एकरूप होता है। इनसान को सहानुभूति की नहीं, मामूली से प्रोत्साहन की जरूरत होती है।

❁ ❁ ❁

एक बेहतरीन इनसान अपनी जुबान से ही पहचाना जाता है, वरना अच्छी बातें तो दीवारों पर भी लिखी होती हैं।

❁ ❁ ❁

**इशारा**

समझदार के लिए इशारा काफी होता है।

❁ ❁ ❁

□

# उ

## उत्साह

उत्तम विचारक बनने के लिए उत्तम विचारों की नहीं, दृढ़ इच्छाशक्ति की जरूरत होती है। उत्साह की ज्वाला को जलाए रखें, दृढ़ता और मजबूती से खड़े रहें; ये ही वे गुण हैं, जो बहुधा सफलता प्रदायक हैं।

❁ ❁ ❁

उत्साह की भावना चेचक के संक्रमण की तरह फैलती है।

❁ ❁ ❁

उत्साह के बिना बड़ी कामयाबी हासिल नहीं की सकती है।

❁ ❁ ❁

उत्साह को पुस्तक में मौजूद नसीहतों से हासिल नहीं किया जा सकता।

❁ ❁ ❁

उत्साह कोई कमीज नहीं है, जिसे जब चाहे पहन लो और जब चाहे उतार दो।

❁ ❁ ❁

उत्साह समय के साथ विकसित होनेवाला प्रभाव होता है।

❁ ❁ ❁

### उत्साही

अगर आप उत्साही बनना चाहते हैं तो उत्साहपूर्ण कार्य करें।

❁ ❁ ❁

### उत्साहित

उत्साहित होने का नाटक कीजिए और आप उत्साहित हो जाएँगे।

❁ ❁ ❁

### उत्सुकता

पहले किसी व्यक्ति के मन में उत्सुकता भड़काएँ। जो ऐसा कर लेता है, दुनिया उसके साथ हो लेती है। जो नहीं कर पाता, अकेला रह जाता है।

❁ ❁ ❁

### उद्देश्य

उद्देश्य को बल की आधारभूत शक्ति माना जाता है।

❁ ❁ ❁

### उद्देश्यहीन

आपको सदा याद रखना चाहिए कि उद्देश्यहीन व्यक्ति जीवन में भयंकर रूप से असफल होते हैं, क्योंकि उद्देश्यहीन होने पर वे न तो काम में रुचि लेते हैं और न ही पूरे दिल से काम करते हैं। उनका मन सदैव चंचल रहता है, इसलिए वे दृढ़ता से काम में नहीं लग पाते।

❁ ❁ ❁

### उपचार

हमारा शत्रु एक भी शब्द कहे, उससे पहले हम अपनी कमजोरियाँ पकड़ लें और उनका उपचार कर लें।

❁ ❁ ❁

## उम्मीद

उम्मीद आपको कभी छोड़कर नहीं जाती, बल्कि आप ही उसे छोड़ देते हैं।

❁ ❁ ❁

उम्मीद और यकीन ही आपका भूत, वर्तमान और भविष्य निर्धारित करते हैं।

❁ ❁ ❁

जिन सांसारिक उम्मीदों की चाह में व्यक्ति का दिल धड़कता है, वे राख हो जाती हैं या उस गुमनाम बर्फ की तरह होती हैं, जो रेगिस्तान के धूल भरे चेहरे को कुछ समय के लिए ढक देती हैं।

❁ ❁ ❁

यदि आँगन में खड़ा पेड़ उम्मीद के मुताबिक नहीं बढ़ रहा है तो उसमें समय पर खाद-पानी डालें और रोशनी की रुकावट को दूर करें।

❁ ❁ ❁

उम्मीद और विश्वास का छोटा सा बीज खुशियों के विशाल फल से बेहतर और शक्तिशाली है।

❁ ❁ ❁

एक सत्य को दूसरे सत्य के साथ जोड़ने या घटाने से उम्मीद के मुताबिक परिणाम हासिल हो सकता है।

❁ ❁ ❁

मेरे लिए देखना या महसूस करना उतना महत्त्वपूर्ण नहीं, जितना कि विश्वास और उम्मीद बनाए रखना है।

❁ ❁ ❁

## उपदेश

ध्यान दें, जब कभी आप किसी को कुछ सिखाना चाहें, मिसाल के तौर

पर आप नहीं चाहते कि आपके बच्चे बीड़ी-सिगरेट पिएँ; इसके लिए उन्हें उपदेश न दें और यह भी न कहें कि आप क्या चाहते हैं, बल्कि यह कहें कि वे सिगरेट पिएँगे तो उन्हें बास्केटबॉल टीम में जगह नहीं मिलेगी या वे सौ मीटर की दौड़ नहीं जीत सकेंगे।

❁ ❁ ❁

**उपहास**

कई बार आपका उपहास जरूर होगा, लेकिन कामयाबी के लिए यह बलिदान ज्यादा बड़ा नहीं माना जा सकता।

❁ ❁ ❁

किसी भी मनुष्य की वर्तमान स्थिति देखकर उसके भविष्य का उपहास मत उड़ाओ, क्योंकि समय में इतनी शक्ति है कि वह एक साधारण से कोयले को भी धीरे-धीरे हीरे में बदल देता है।

❁ ❁ ❁

**उपाय**

जिन कामों को करने में आप डरते हैं, उन्हें करें और करते रहें, यह डर पर जीत पाने का तीव्र और निश्चित उपाय है।

❁ ❁ ❁

**उम्र**

उम्र शक्ति और विशेषताओं के आधार पर कुशलता प्रदान नहीं करती और न ही हर नई कुशलता का तिरस्कार करती है।

❁ ❁ ❁

**उद्यम**

उद्यम ही सफलता की कुंजी है। □

## ऊ

**ऊँचे**

इतने ऊँचे कभी न पहुँचो कि पता ही न चले, जाना कहाँ है!

❁ ❁ ❁

**ऊँचाई**

जो बहुत ऊँचे होते हैं, अकसर ज्यादा चोट खाकर गिरते हैं, इसलिए एक मर्यादित स्तर की ऊँचाई बेहतर मानी जाती है।

❁ ❁ ❁

सबसे ऊँचे पेड़ ही तूफान में ज्यादा गिरते हैं और उच्चाकांक्षी लोग ही धराशायी होते हैं।

❁ ❁ ❁

ऊँची इमारतों को टिके रहने के लिए मजबूत बुनियाद की जरूरत होती है।

❁ ❁ ❁

**ऊर्जा**

अपनी ऊर्जा बचाएँ।

❁ ❁ ❁

आपको वे बातें याद हैं, जिनके बारे में एक साल पहले आप चिंतित थे?

उनसे आप कैसे उभरे ? उनसे पार पाने के लिए आपने अपनी बहुत सी ऊर्जा व्यर्थ नहीं की ? और उनमें से ज्यादातर परेशानियाँ स्वत: ही हल नहीं हो गईं ?

❁ ❁ ❁

ऊर्जा जुटाने के लिए रुकना पड़ता है।

□

# ए

## एकरूपता

एकरूपता एक कष्टकारी सजा के समान होती है, एक ऐसी सजा, जो जीवन भर के लिए बोलने की क्षमता को क्षीण कर देती है।

❋ ❋ ❋

एकरूपता दर्शकों पर प्राणनाशक प्रभाव डालने का काम करती है। यह चेहरे की रौनक छीन लेती है, आँखों की चमक क्षीण कर देती है।

❋ ❋ ❋

एकरूपता भूरे पत्थरों की लंबी कतार और पहाड़ों के बीच से दूर तक जाती सड़कों में होती है।

❋ ❋ ❋

एकरूपता यदि वक्ता के लिए पाप के समान है तो दर्शकों के लिए महामारी से कम नहीं है। एकरूपता से सुंदरता और आकर्षण फीके पड़ने लगते हैं।

❋ ❋ ❋

एकरूपता हमारी सीमाओं को दरशाती है।

❋ ❋ ❋

चिड़ियों के गीत, पहाड़ी दर्रों और स्वयं पहाड़ों में एकरूपता नहीं होती।

## एकाग्रता

एकाग्रता का अर्थ है—किसी एक चीज पर ध्यान केंद्रित करना और बाकी चीजों से ध्यान हटाना।

❁ ❁ ❁

एकाग्रता भटकाव से मुक्ति पाने का एक सरल उपाय है।

❁ ❁ ❁

एकाग्रता से ही विजय मिलती है।

❁ ❁ ❁

## एहसास

सीधा सच यह है कि आप जिन भी लोगों से मिलते हैं, लगभग सभी कुछ बातों में स्वयं को श्रेष्ठ समझते हैं और उनका दिल जीतने का सटीक मार्ग यह है कि चालाकी से उन्हें यह एहसास करा दें कि वे आपके लिए महत्त्वपूर्ण हैं और आप उनके सच्चे प्रशंसक।

❁ ❁ ❁

सच्चे आनंद का एहसास अंतरात्मा से जुड़ा होता है। इस भाव से जन्म लेनेवाले उत्साह और आशावाद की कोई तय सीमा नहीं होती।

❁ ❁ ❁

दूसरे लोगों को यह एहसास कराएँ कि उनके विचार, अवधारणाएँ काम-धंधे, राजनीति के साथ-साथ पारिवारिक जीवन में भी कारगर सिद्ध होंगी।

❁ ❁ ❁

सूर्यास्त के समय चिड़ियों का धीमे-धीमे चहचहाना निराशापूर्ण एहसास पैदा करता है।

❁ ❁ ❁

हमेशा दूसरे को यह एहसास कराएँ कि वह आपके लिए महत्त्वपूर्ण है, क्योंकि स्वाभाविक रूप से इनसान की यह हसरत होती है कि उसे महत्त्वपूर्ण समझा जाए।

❁ ❁ ❁

यदि विचार जेहन में तनाव पैदा नहीं कर पा रहा है तो एहसास को जाग्रत् करने की कोशिश जारी रखें।

❁ ❁ ❁

## एहसान

किसी का एहसान कभी मत भूलो और किसी पर किया गया एहसान कभी याद मत रखो।

❁ ❁ ❁

□

# औ

## औजार

इमारत के विभिन्न हिस्सों को तैयार करने के लिए बढ़ई के पास अलग-अलग औजार होते हैं।

□

# क

## कंचा

एक मेज पर एक कंचा रखें और लगातार अठारह घंटों तक उस कंचे को एक जगह से दूसरी जगह पर धकेलते रहें। मैं दावे के साथ कह सकता हूँ कि आपकी हालत पागलों जैसी हो जाएगी।

❁ ❁ ❁

## कला

सभी कलाओं में मंच पर बोलने की कला सबसे ज्यादा फायदा पहुँचाती है। जब आप प्रसिद्ध वक्ताओं की बोलने की कला का अभ्यास करेंगे तो आपको यह कला समझ आएगी।

❁ ❁ ❁

## कलाबाजी

सर्कस में कलाबाजी क़रनेवाला कलाकार कलाबाजी करने से पहले कई बार नाकाम कोशिश करता है, ताकि दर्शकों में जिज्ञासा पैदा हो सके। इस जिज्ञासा को भाँपने के बाद ही कलाकार कामयाब कलाबाजी का प्रदर्शन करता है।

❁ ❁ ❁

## कल्पना

काँटेदार पौधे के बीज से कल्पना का वृक्ष ही उगता है।

**कठिनाई**

लोगों से व्यवहार, लेन-देन और काम लेने में सबसे ज्यादा कठिनाई का सामना करना पड़ता है, खासकर जब आप कारोबार में हों।

❁ ❁ ❁

**कथनी**

लोगों की कथनी से कभी परेशान न हों, जब तक कि आपका दिल आपको सही ठहराता हो।

❁ ❁ ❁

**कपड़ा**

धूल साफ करने का कपड़ा उपयोगी होता है तो क्या उस पर कढ़ाई कर देनी चाहिए?

❁ ❁ ❁

**कल्पना**

कल्पना की पुनरुत्पत्ति का अनुभव आनंददायक या फिर डरावना हो सकता है।

❁ ❁ ❁

कल्पना मानव-मस्तिष्क की सबसे बड़ी संपत्ति है। सही उद्देश्यों से प्रेरित कल्पना जन-कल्याण की नीतियों को जन्म देती है।

❁ ❁ ❁

**कमी**

एक कमी या गलती दुबारा न दुहराने का प्रयास कीजिए।

❁ ❁ ❁

**कल**

आनेवाले कल का विचार कीजिए, योजना बनाइए, तैयारी कीजिए,

परंतु चिंता मत कीजिए।

❁ ❁ ❁

आनेवाले कल की तैयारी करने का सबसे बढ़िया तरीका यह है कि आप आज के काम को श्रेष्ठतम ढंग से करने में अपनी सारी बुद्धि और सारा उत्साह लगा दें। भविष्य की तैयारी करने का संभवत: यही एकमात्र कारगर उपाय है।

❁ ❁ ❁

याद रखें, आज वही आनेवाला कल है, जिसके बारे में बीते हुए कल में आप चिंतित थे।

❁ ❁ ❁

**काबिल**

शिखर को लक्ष्य बनाइए, क्योंकि आप भी उसके लिए उतने ही काबिल हैं, जितना कि कोई और।

❁ ❁ ❁

**कामयाबी**

हिम्मत दिखानेवाले व्यक्ति को ही कामयाबी मिलती है।

❁ ❁ ❁

**कारण**

जो तुम आज हो, वह तुम अपने कल के कारण हो और जो तुम आनेवाले कल में होगे, वह तुम्हारे आज के काम पर निर्भर करता है।

❁ ❁ ❁

पक्षी और घोड़े दु:खी नहीं होते, इसका एक कारण है, क्योंकि वे अन्य पक्षियों और घोड़ों को प्रभावित करने की कोशिश नहीं करते।

❁ ❁ ❁

## काम

जो तुम कर रहे हो, यदि उसमें विश्वास रखते हो तो किसी भी चीज को अपने काम को रोकने मत दो। दुनिया के ज्यादातर बेहतरीन काम असंभव लगने के बावजूद किए गए हैं, जरूरी है कि काम पूरा हो।

❁ ❁ ❁

दिखने में छोटे कामों को भी सर्वोत्कृष्ट करने से न चूकें। जब भी आप कोई एक काम पूरा कर लेते हैं, स्वयं को मजबूत महसूस करते हैं, तो बड़े कामों को करना अपने आप आसान हो जाता है।

❁ ❁ ❁

स्वाभाविक कामों में वक्त जाया न करें, वे काम तो स्वत: ही हो जाएँगे।

❁ ❁ ❁

करने को बड़े-बड़े काम हैं और छोटे भी। सबके लिए यहाँ कुछ-न-कुछ मौजूद है।

❁ ❁ ❁

काम के दौरान खुशी का अनुभव करना ज्यादा जरूरी है, काम को बोझ समझनेवाले सफल नहीं होते।

❁ ❁ ❁

काम के लिए संबंध न बनाए हों तो काम अपने आप होते हैं।

❁ ❁ ❁

काम हमेशा बातों से ज्यादा शक्तिशाली होता है।

❁ ❁ ❁

## कारण

कारण को जानने के बाद उद्देश्य की पूर्ति करना आसान हो जाता है।

कारण को प्रोत्साहित किए बिना परिणाम तक नहीं पहुँचना चाहिए। कारों से डरनेवाले घोड़े का इलाज आप कैसे करेंगे?

❁ ❁ ❁

## कार्य

इस तरह से कार्य करें, जैसे कि आप पहले से ही खुश हैं तथा इसके परिणामस्वरूप आप खुशी प्राप्त कर लेंगे।

❁ ❁ ❁

ईमानदारी और निष्पक्षता के साथ कार्य पूर्ण करना आसान नहीं होता, वहीं तिकड़म और बेईमानी के साथ कार्य पूर्ण करना भी एक समस्या है।

❁ ❁ ❁

उत्कृष्ट कार्य को प्रोत्साहन, मान्यता और पुरस्कार मिलना चाहिए। अगर आप लोगों के साथ इस तरह का व्यवहार करते हैं, जैसे वे समर्थ और कुशल हैं और फिर रास्ते से हट जाते हैं, तो उनका प्रदर्शन आपकी उम्मीद के अनुरूप होगा।

❁ ❁ ❁

कार्य में विश्वास रखनेवाले व्यक्ति को बारूद से नहीं घबराना चाहिए। कार्य शब्दों से ज्यादा बोलता है।

❁ ❁ ❁

## कार्यकलाप

हमारे कार्यकलाप हमारी मूलभूत इच्छाओं के साकार रूप होते हैं।

❁ ❁ ❁

## किताब

एक उम्दा किताब को पढ़ने और समझने से बेहतर कुछ और नहीं हो सकता।

किताबें कम हैं या ज्यादा, इससे फर्क नहीं पड़ता। किताब पढ़ना शुरू कीजिए, संग्रह खुद-ब-खुद बढ़ने लगेगा।

❁ ❁ ❁

किताबों के संग्रह से बड़ा कोई विश्वविद्यालय नहीं है।

❁ ❁ ❁

किसी अध्याय, विचार आदि को पढ़ने के बाद किताब बंद कर देनी चाहिए और गौर से पाठ को जोर-जोर से दुहराना चाहिए, ऐसा करने से याददाश्त मजबूत होती है। किसी अहम विचार पर राय तथ्यों को जाँचे बिना हावी नहीं होनी चाहिए।

❁ ❁ ❁

किसी पुस्तक को खुद खरीदने और किताबों की अलमारी में सजाने में जो आनंद है, वह माँगकर पढ़ने में नहीं है।

❁ ❁ ❁

## कुंजी

सच्ची मेहनत ही सफलता की कुंजी होती है।

❁ ❁ ❁

## कुत्ता

क्या आपने अपनी सोच इतने पर ही समाप्त कर दी है कि कुत्ता ही वह जानवर है, जो जीवनयापन के लिए कोई काम नहीं करता? मुरगी अंडे देती है, गाय दूध देती है, कैनरी चिड़िया गाती है, लेकिन कुत्ता आपको बस प्यार देकर अपनी आजीविका चलाता है।

❁ ❁ ❁

## कुशलता

किसी ने भी कभी नहीं कहा कि कुशलता स्वाभाविक रूप से अपने आप

आ जाएगी और प्राय: वह इस तरह आती भी नहीं है।

❁ ❁ ❁

## कोई

कोई निष्ठावान् हो सकता है, कोई निष्ठाहीन। कोई बात दिल से निकलती है, कोई मुँह से। कोई निस्स्वार्थ होता है, कोई स्वार्थी। किसी की सब तारीफ करते हैं, किसी की सब निंदा।

❁ ❁ ❁

कोई फर्क नहीं पड़ता कि क्या होता है, हमेशा अपने आप में रहें।

❁ ❁ ❁

कोई भी किसान आपको समझा सकता है कि मूसलधार बारिश का पानी तेज गति से बहकर दूर चला जाता है और फसल के लिए उम्मीद से कम लाभदायक होता है।

❁ ❁ ❁

कोई भी मूर्ख अपनी गलतियों को ठीक सिद्ध करने का प्रयास कर सकता है और ज्यादातर करते भी हैं; मगर अपनी गलती मान लेने से मनुष्य साधारण लोगों से ऊँचा उठ जाता है।

❁ ❁ ❁

कोई भी मूर्ख आदमी आलोचना, शिकायत और निंदा कर सकता है और सब मूर्ख ऐसा ही करते हैं। लेकिन चारित्रिक और आत्मनियंत्रित व्यक्ति ही समझदार और क्षमाशील होता है।

❁ ❁ ❁

कोई शांति आपको लाकर नहीं दे सकता, यह आप ही ला सकते हैं अपने भीतर से।

❁ ❁ ❁

**कृतज्ञता**

अगर आप और मैं अकृतज्ञता के बारे में इधर-उधर जाकर बजबजाते रहें, तो दोष किसका होगा? क्या यह मानव स्वभाव है या मानव स्वभाव के प्रति हमारी अनदेखी है?

❁ ❁ ❁

कृतज्ञता की उम्मीद न करें। अगर कभी मिलती भी है तो वह हैरानी भरा अचंभा लगती है।

❁ ❁ ❁

अगर कृतज्ञता हमें न मिले तो परेशान होने की जरूरत नहीं है। लोगों का यह स्वभाव होता है कि वे एहसान को भूल जाते हैं, इसलिए अगर हम कृतज्ञता की खोज में निकलेंगे तो हमारा दिन घोर पीड़ा से भर उठेगा।

❁ ❁ ❁

**क्रिया**

क्रिया की आवाज शब्दों से तेज होती है और मुसकान कहती है, 'तुम मुझे खुश करो। मैं तुम्हें देखकर खुश हूँ।'

❁ ❁ ❁

**क्रोध**

क्रोध और अप्रिय स्थिति में आवाज तेज हो जाती है।

❁ ❁ ❁

क्रोध के लिए कोई सजा नहीं है, आपका क्रोध ही आपको सजा देगा।

❁ ❁ ❁

अपने क्रोध पर नियंत्रण रखें। याद रखें, आप किसी भी व्यक्ति के कद को माप सकते हैं, यह जानकर कि कौन सी बातें उसे गुस्सा दिला देती हैं।

❁ ❁ ❁

### क्षण

एक मामूली मिनट को साठ महत्त्वपूर्ण क्षण समझिए। याद रखिए, दौड़ में केवल कुछ क्षणों का फासला धावक को विजेता बनाता है। एक मामूली मिनट की देरी से रेल छूट जाती है।

❁ ❁ ❁

### क्षमता

जिस तरह कारतूस में बारूद की कम मात्रा गति की क्षमता को कमजोर कर देती है, उसी प्रकार साँस का अभाव स्वर को कमजोर बना देता है।

❁ ❁ ❁

### क्षमा

दूसरों को क्षमा करें, इसलिए नहीं कि वे क्षमा के काबिल हैं, बल्कि आप शांति के हकदार है।

□

# ख

## खुद-बखुद

पहले कठिन काम पूरे कीजिए, आसान काम खुद-बखुद पूरे हो जाएँगे।

❁ ❁ ❁

## खुशी

क्या तुम जिंदगी से ऊब चुके हो? तो फिर खुद को किसी ऐसे काम में झोंक दो, जिसमें दिल से यकीन रखते हो, उसके लिए जियो, उसके लिए मरो और तुम वह खुशी पा लोगे, जो तुम्हें लगता था कि कभी तुम्हारी नहीं हो सकती।

❁ ❁ ❁

खुशी देने में खुशी पाना ही सारी कलाओं का सार है।

❁ ❁ ❁

खुशी बाहरी स्थितियों पर निर्भर नहीं होती। यह भीतरी स्थितियों पर निर्भर होती है। यह नहीं देखती कि आपके पास क्या है या आपकी हैसियत क्या है या आप इस वक्त कहाँ हैं या आप क्या कर रहे हैं; इन सब बातों से खुशी या नाखुशी का कोई लेना-देना नहीं है। यह तो पूरी तरह आपकी सोच पर निर्भर होती है।

❁ ❁ ❁

## खुशियाँ

अगर आप खुशियाँ बनाए रखना चाहते हैं तो इन्हें बाँटते रहें।

❁ ❁ ❁

अब्राहम लिंकन ने एक बार कहा था कि ज्यादातर लोग उतने ही खुश होते हैं, जितना वे अपने दिमाग को इसके लिए तैयार करते हैं।

❁ ❁ ❁

उन खुशियों को पाने की कोशिश करें, जिनकी तरफ से आप पूरी तरह नाउम्मीद हैं।

❁ ❁ ❁

## ख्याति

विज्ञान के जरिए ख्याति बढ़ती है, लेकिन उस ख्याति को कायम रखना आसान नहीं होता। एक छोटी सी भूल ख्याति को नष्ट कर सकती है।

❁ ❁ ❁

□

# ग

**गंदगी**

गंदगी दूर करने के लिए कपड़ों को घंटों पानी में भिगोया जाता है।

❁ ❁ ❁

**गलती**

एक बार मैंने गलती की और वह हमेशा मेरे कानों में गूँजती रही। मैंने दो बार अच्छे काम किए, लेकिन वे कभी मुझे सुनाई नहीं दिए।

❁ ❁ ❁

गलती तो चीजों को अलग तरीके से करने का ढंग मात्र है।

❁ ❁ ❁

गलती तो हर इनसान से होती है, लेकिन उसपर कायम केवल मूर्ख ही रहते हैं।

❁ ❁ ❁

**गड़बड़**

याद रखें, यदि आपके जूते, उच्चारण का तरीका और अंदाज लोगों का बेवजह ध्यान खींच रहे हैं तो कोई-न-कोई गड़बड़ जरूर है।

❁ ❁ ❁

### गणित

गणित को दिमाग का सबसे बेहतर व्यायाम माना गया है।

❁ ❁ ❁

### गति

गति से उत्तेजना और आनंद का एहसास होता है।

❁ ❁ ❁

### गिनती

अपनी उपलब्धियों की गिनती करें, परेशानियों की नहीं।

❁ ❁ ❁

### गुण

यदि सीखनेवाले के व्यक्तित्व में कुछ विशेष गुण न छिपे हों तो ऐसी कोई युक्ति नहीं है, जिसके जरिए सार्वजनिक रूप से बोलनेवाले व्यक्ति को एक मशीन से ज्यादा कुछ और बनाया जा सके या कहिए कि एक अत्यधिक निपुण मशीन।

❁ ❁ ❁

परिस्थितियों को अपने अनुरूप अथवा स्वयं को परिस्थितियों के अनुरूप ढालने का गुण किसी भी व्यक्ति के लिए आवश्यक है, परंतु इसके साथ-साथ यह भी सच है कि आप जिस किसी काम में लगें, आपको पूरी तरह वहीं होना चाहिए।

❁ ❁ ❁

### गुण-ग्राहकता

गुण-ग्राहकता और चापलूसी में अंतर है। गुण-ग्राहकता सच्ची होती है और चापलूसी झूठी। गुण-ग्राहकता हृदय से निकलती है और चापलूसी दाँतों से। एक निस्स्वार्थ होती है और दूसरी स्वार्थमय। एक की संसार में सर्वत्र

प्रशंसा होती है और दूसरे की सर्वत्र निंदा।

❁ ❁ ❁

हार्दिक और निष्कपट गुण-ग्राहकता विराट् शक्ति है।

❁ ❁ ❁

## गुड्डा

एक गुड्डे में निश्चय और भावनात्मक तनाव जैसे जज्बात को नहीं डाला जा सकता।

❁ ❁ ❁

## ज्ञान

रोजाना किसी महान् पुस्तक का एक वाक्य, किसी महान् विचारक का एक विचार और स्वयं किसी विषय पर प्रतिक्रिया ज्ञान के खजाने को दिन-ब-दिन बढ़ाने का काम करेगी। बेकार के कामों में समय नष्ट करने का कोई फायदा नहीं।

❁ ❁ ❁

विश्वास और कुछ नहीं, बल्कि आपके अंदर का ज्ञान है।

❁ ❁ ❁

सुव्यवस्थित जानकारी को ही ज्ञान कहा जाता है।

❁ ❁ ❁

ज्ञान किसी भी दौलत या समृद्धि को बढ़ा सकता है।

❁ ❁ ❁

ज्ञान तब तक शक्ति नहीं है, जब तक इसे लागू न किया जाए।

❁ ❁ ❁

ज्ञान पर किया गया निवेश सबसे बेहतरीन ब्याज देता है।

ज्ञान या तो सीधे ज्ञानी व्यक्ति से हासिल किया जा सकता है या फिर विचारों के अध्ययन द्वारा।

❁ ❁ ❁

## ज्ञानेंद्रियाँ

बहुत तीक्ष्ण ज्ञानेंद्रियाँ ही वसंत ऋतु की आहट महसूस कर सकती हैं। साधारण व्यक्ति को इसका एहसास नहीं होता।

❁ ❁ ❁

□

# घ

## घर

हमें गुण-ग्राहकता के जादू भरे पारस पत्थर का प्रयोग कहाँ से आरंभ करना चाहिए। क्यों न अपने ही घर से आरंभ किया जाए? कोई दूसरा स्थान ऐसा नहीं, जहाँ इसकी अधिक आवश्यकता हो; जहाँ इसकी अधिक अपेक्षा की जाती हो।

❁ ❁ ❁

## घास

अगर आप झाड़ नहीं बन सकते तो घास जैसे ही बन जाएँ।

❁ ❁ ❁

## घोड़ा

घोड़े के खुरों में नाल ठोंकते वक्त कई बार लोहार घोड़े के नथुनों में कसी नकेल को कस देते हैं। इस तरह घोड़े का ध्यान नाल ठोंकने की प्रक्रिया से हट जाता है।

❁ ❁ ❁

लकड़ी का घोड़ा बच्चों का दिल बहला सकता है, लेकिन रास्ता तय करने के लिए असली घोड़े की ही जरूरत पड़ती है।

❁ ❁ ❁

घोड़े के पैर में मरहम-पट्टी की आवश्यकता तभी महसूस होती है, जब वह लड़खड़ाने लगे।

□

# च

## चर्चा

किसी ज्ञानी व्यक्ति के साथ की गई एक चर्चा दस साल तक हासिल किए गए किताबी ज्ञान से ज्यादा कारगर सिद्ध होती है।

❋ ❋ ❋

## चमत्कार

शब्दकोश को रोजाना दिए गए दस मिनट चमत्कार कर सकते हैं।

❋ ❋ ❋

## चरित्र

अपनी प्रतिष्ठा की तुलना में अपने चरित्र के लिए अधिक चिंतित हों। चरित्र से आपकी पहचान होती है, जबकि प्रतिष्ठा केवल आपके प्रति दूसरों के दृष्टिकोण से जुड़ी होती है।

❋ ❋ ❋

शुद्ध चरित्रवाले व्यक्ति में सत्यता का प्रभाव अन्य लोगों के चरित्र में उसी तरह स्थान प्राप्त करता है, जैसे किसी बड़े पात्र में भरे पानी से छोटे पात्र को भरा जाता है।

❋ ❋ ❋

चरित्र प्रकृति की सबसे अहम उपलब्धि होती है, इसीलिए चरित्र के

विकास के लिए प्राकृतिक नियमों का पालन करना चाहिए।

❁ ❁ ❁

चरित्र प्राकृतिक शक्तियों के क्रम में सर्वोपरि होता है।

❁ ❁ ❁

कमजोर चरित्र के व्यक्ति का परोपकारी, भावनात्मक और सेवाभाव से प्रेरित विचारों से वास्ता नहीं होता।

❁ ❁ ❁

किसी कार्य को निरंतर करने से आदत बनती है, आदतों से चरित्र का निर्माण होता है और चरित्र से भाग्य तय होता है।

❁ ❁ ❁

## चाह

हम क्या चाहते हैं, इस विषय पर बात क्यों की जाए? यह बिल्कुल बचकानी और बेतुकी बात होगी। बेशक आपको इस बारे में बात करना अच्छा लगेगा कि आप क्या चाहते हैं। आप शाश्वत रूप से इस बारे में अनुरक्त हैं। वह और कोई नहीं, हम और आप सब इसमें शामिल हैं; हम सबको यह सुनना अच्छा लगता है कि हम क्या चाहते हैं।

❁ ❁ ❁

जो चाहा, वह मिल जाना सफलता है। जो मिला, उसको चाहना प्रसन्नता है।

❁ ❁ ❁

## चापलूसी

चापलूसी एक तरह का नकली सिक्का है और नकली सिक्के की तरह वह अंततः आपको कष्ट में डाल देगा, जब कभी आप इसे चलाने का प्रयत्न करेंगे।

चापलूसी और सराहना में क्या फर्क है? बिल्कुल आसान। एक मिथ्या है, दूसरा सत्य। एक मुँह से निकलती है, दूसरी दिल की गहराई से। एक स्वार्थी है, दूसरी निस्स्वार्थ। एक की सब निंदा करते हैं, दूसरे की सब प्रशंसा।

❁ ❁ ❁

## चार तरीके

चार तरीके हैं और सिर्फ चार तरीके हैं, जिनके द्वारा हम दुनिया के संपर्क में आते हैं। हमारा मूल्यांकन और वर्गीकरण इन्हीं चार संपर्कों द्वारा होता है—हम क्या करते हैं, हम कैसे दिखते हैं, हम क्या कहते हैं और हम जो कहते हैं।

❁ ❁ ❁

## चिंता

अगर कोई व्यक्ति निष्पक्ष ढंग से सोद्‌देश्य तथ्यों को जुटाने में वक्त लगाए तो ज्ञान के प्रकाश में उसकी सारी चिंताएँ काफूर हो जाएँगी।

❁ ❁ ❁

यह चिंता छोड़िए कि लोग आपके बारे में क्या सोच रहे हैं, वे बेचारे तो स्वयं इस चिंता में डूबे हैं कि आप उनके बारे में क्या सोच रहे हैं।

❁ ❁ ❁

लोग क्या सोचेंगे, इस बात की चिंता करने की बजाय क्यों न कुछ ऐसा करने में समय लगाएँ, जिसे प्राप्त करने पर लोग आपकी प्रशंसा करें।

❁ ❁ ❁

जो लोग अपनी देनदारियों, उत्तरदायित्वों के बारे में चिंता करते हैं, केवल अपनी अर्जित दौलत के बारे में सोचने लगें तो उनकी चिंताएँ स्वतः समाप्त हो जाएँगी।

❁ ❁ ❁

हमारे जीवन में विचित्र तूफान आते हैं, हिमपात होता है, बिजली गिरती है, पर हम नष्ट नहीं होते। मगर चिंता से, जिसको हम अपनी उँगलियों से मसल सकते हैं, उससे मात खा जाते हैं। चिंता को मसलने का सर्वोत्तम उपाय तो प्रसन्नचित्त रहना ही है।

❁ ❁ ❁

यदि किसी समस्या को सुलझाया जा सकता है तो फिर चिंता करने की क्या जरूरत है? और यदि नहीं सुलझाया जा सकता तो फिर चिंता करने से क्या फायदा है?

❁ ❁ ❁

जो लोग चिंता से लड़ना नहीं जानते, जवानी में ही मर जाते हैं।

❁ ❁ ❁

जो लोग दूसरे लोगों के स्थान पर अपना तालमेल बैठा लेते हैं, जो उनके कार्य-कलापों को समझ जाते हैं, उन्हें अपने भविष्य की चिंता छोड़ देनी चाहिए।

❁ ❁ ❁

तब चिंता मत करो, जब लोग तुम्हें नहीं समझते। चिंता तो तुम्हें तब करनी चाहिए, जब तुम खुद को नहीं समझ पाते।

❁ ❁ ❁

चिंता अच्छे-से-अच्छे आदमी को बीमार बना सकती है। चिंता को जीतने का सर्वश्रेष्ठ तरीका समस्या का विश्लेषण कर उसके अनुसार हल निकालना है।

❁ ❁ ❁

चिंता के बारे में सोचें, मगर उसे स्वयं पर हावी न होने दें। चिंता लोहे

को नष्ट करनेवाली जंग के समान होती है।

❁ ❁ ❁

अगर तुम्हें नींद नहीं आ रही तो उठो और कुछ करो, बजाय लेटे रहने और चिंता करने के। नींद की कमी नहीं, चिंता तुम्हें नुकसान पहुँचाती है।

❁ ❁ ❁

## चिड़िया

चिड़िया की चहचहाहट में मिठास का सबसे बड़ा कारण स्वतंत्र विचार हो सकते हैं।

❁ ❁ ❁

## चित्रण

बारीकियों पर ध्यान देनेवाला दिमाग घटना के विषय का जरूरत के वक्त दोबारा स्पष्ट चित्रण करने की शक्ति रखता है।

❁ ❁ ❁

## चिल्लाना

ऊँचा बोलने को अकसर चिल्लाना माना जाता है।

❁ ❁ ❁

चिल्लाना ईमानदारी, समझदारी और एहसास का सूचक नहीं है।

❁ ❁ ❁

## चुप

यदि आप विश्वास के साथ नहीं बोल सकते तो बेहतर है कि चुप रहें।

❁ ❁ ❁

## चुप्पी

चुप्पी दुनिया के सभी भावों के मुकाबले ज्यादा मन-हरण होती है।

## चूक

बच्चे को नाक में मोती न डालने की सलाह दी जाए तो बच्चे का दिमाग नाक और मोती में ही उलझा रहता है। ऐसे में बच्चे की ओर से चूक की संभावना बढ़ जाती है।

❁ ❁ ❁

## चेतना

आत्मचेतन और स्वयं की चेतना को समझना अलग-अलग मुद्दे हैं।

❁ ❁ ❁

□

## छ

**छलाँग**

तैराकी सीखने के लिए पानी में छलाँग लगानी ही पड़ती है।

□

# ज

**जनता**

जनता की इच्छा से ज्यादा महत्त्व इच्छा के कारण का होता है।

❁ ❁ ❁

जनता की भावनाओं को प्रोत्साहित किए बिना जनता को प्रभावित नहीं किया जा सकता।

❁ ❁ ❁

**जन-समूह**

जन-समूह के प्रभाव से बाहर निकलना आसान नहीं होता; समाज द्वारा प्राप्त उत्साह और भय संक्रामक होता है।

❁ ❁ ❁

**जय-जयकार**

जो सबसे ज्यादा कठिनाई सहन करता है, अंत में जय-जयकार उसी की होती है।

❁ ❁ ❁

**जाँच-पड़ताल**

मैं गलत भी हो सकता हूँ और अकसर होता भी हूँ। तथ्यों की जाँच-पड़ताल जरूर करें।

❁ ❁ ❁

## जादू

अगर कोई व्यक्ति कहता है कि आपका सोचना गलत है और आप भी हकीकत जानते हो, लेकिन आप अपनी बात पर अड़े रहते हैं। मैं दूसरे तरीके से सोचना हूँ कि हाँ, मैं गलत हो सकता हूँ। अकसर मैं गलत होता भी हूँ। मगर मैं गलत हूँ तो तथ्यों की जाँच करके सही को सामने लाना चाहूँगा इससे जादू होता है, सकारात्मक जादू।

❁ ❁ ❁

## जिंदगी

जिंदगी उपलब्धियों का नाम नहीं, बल्कि जिए हुए क्षणों का नाम है।

❁ ❁ ❁

जिंदगी उसी को आजमाती है, जो हर मोड़ पर चलना जानते हैं, कुछ पाकर तो हर कोई मुसकराता है, पर जिंदगी उसी की है, जो सबकुछ खोकर भी मुसकराता है।

❁ ❁ ❁

जिंदगी के जिन आम अनुभवों पर सामान्यतः ध्यान नहीं जाता, वैज्ञानिक उन्हीं तथ्यों को बारीकी से समझते हैं और नई खोज या आविष्कार को जन्म देते हैं।

❁ ❁ ❁

जिंदगी में एक जरूरत दूसरी का आह्वान करती है।

❁ ❁ ❁

जिंदगी में मनचाहा रास्ता बना-बनाया नहीं मिलता, खुद बनाना पड़ता है। जिसने जैसा मार्ग बनाया, उसे वैसी ही मंजिल मिलती है।

❁ ❁ ❁

जिंदगी सिक्के के दो पहलुओं की तरह है। कभी सुख तो कभी दु:ख, जब सुख हो तो घमंड मत करना और जब दु:ख हो तो थोड़ा सब्र जरूर करना।

❁ ❁ ❁

### जिंदादिल

जिंदादिल बातचीत में प्रसन्नता का एहसास होता है।

❁ ❁ ❁

### जिज्ञासा

जिस तरह सख्त-चमकीले पत्थरों को रगड़कर चिनगारी पैदा नहीं की जा सकती, उसी प्रकार मात्र सहजता से दर्शकों में जिज्ञासा पैदा नहीं की जा सकती। जिस तरह साँस लिये बिना नहीं जिया जा सकता है, उसी प्रकार इस सिद्धांत को भी नजरअंदाज नहीं किया जा सकता।

❁ ❁ ❁

स्त्रियों की प्रवृत्ति में संदेह पुरुषों में जिज्ञासा पैदा करता है।

❁ ❁ ❁

### जिम्मेदारी

पूर्वजों के अधूरे कार्यों को पूरा करना हमारी जिम्मेदारी है।

❁ ❁ ❁

### जीत

यदि आप भय को जीतना चाहते हैं तो घर पर खाली न बैठें।

❁ ❁ ❁

अगर आप बहस करते हैं, भड़कते हैं और विरोधाभासी हैं तो कभी-कभी आप सफल हो सकते हैं, लेकिन यह जीत खालीपन लिये होगी, क्योंकि इसमें आपके प्रतिद्वंद्वी की सद्भावना शामिल नहीं होगी।

❁ ❁ ❁

## जीवन

छोटी–छोटी बातों से परेशान नहीं होना चाहिए, उन्हें भूल जाना चाहिए। याद रहे, जीवन छोटा होता है, बहुत छोटा।

❁ ❁ ❁

जन्म के बाद लगभग दो वर्षों में इनसान बोलना सीख लेता है, लेकिन क्या बोलना है, सीखने में पूरा जीवन लग जाता है।

❁ ❁ ❁

जीवन की जटिलताओं और विषमताओं से संघर्ष करके सफलता पाने में कोई भी व्यक्ति अकेले समर्थ नहीं है, आस्था और विश्वास के साथ इस संघर्ष में विजय प्राप्त करने के लिए ईश्वर से प्रार्थना की जाए।

❁ ❁ ❁

जीवन के सत्य और अनुभव का प्रयोग विषय के मुताबिक होना चाहिए, नहीं तो भ्रम की स्थिति पैदा हो सकती है।

❁ ❁ ❁

जीवन बहुत कीमती है।

❁ ❁ ❁

जीवन मिलना भाग्य पर निर्भर है, किंतु मृत्यु के बाद भी लोगों के दिलों में जिंदा रहना, यह अपने कर्मों पर निर्भर है।

❁ ❁ ❁

जीवन में अनुभवों का बहुत महत्त्व होता है, लेकिन कल्पना की पुनरुत्पत्ति का महत्त्व स्वयं तैयार की गई उपयोगी कल्पना के मुकाबले बहुत कम होता है।

❁ ❁ ❁

जीवन में अपने लाभों से फायदा उठाना बड़ी बात नहीं। कोई मूर्ख ही वह कर सकता है; बड़ी बात है, अपने घाटे से फायदा उठाना।

जीवन में ऊँचा उठते समय लोगों से सद्‌व्यवहार रखें, क्योंकि हो सकता है कि अगर आपको नीचे आना पड़ा तो सामना इन्हीं लोगों से होगा।

❁ ❁ ❁

जीवन में गुणवत्ता महत्त्वपूर्ण है, उसे सार्थक बनाएँ।

❁ ❁ ❁

जीवन में संदेह से एक विशेष प्रकार की रुचि पैदा होती है।

❁ ❁ ❁

### जोखिम

जोखिम मोल लें। पूरा जीवन एक जोखिम है। जो व्यक्ति सबसे दूर तक जाता है, वही सामान्यतया सबसे साहसी और कर्मठ होता है। ध्यान रखें, नाव समुद्री किनारे से ज्यादा दूर नहीं जाती।

❁ ❁ ❁

### जोश

इतिहास के पन्नों में शामिल महान् लम्हे केवल और केवल जोश व उत्साह के परिणाम हैं।

❁ ❁ ❁

### ज्यादा

जिस प्रकार ज्यादा मलाई के लिए ज्यादा दूध की जरूरत होती है, उसी

प्रकार ज्ञान के बड़े भंडार के लिए ज्यादा जानकारी, अध्ययन और अनुभव की जरूरत होती है।

❁ ❁ ❁

लड़कर आप कभी ज्यादा नहीं पा सकते, लेकिन उत्पादन करके उम्मीद से अधिक पा सकते हैं।

□

# झ

**झाड़**

पेड़ नहीं बन सकते तो झाड़ बन जाएँ।

□

# ड

## डर

डर कहीं और नहीं, बस आपके दिमाग में होता है।

❁ ❁ ❁

डर के कारण चिंता होती है, चिंता से तनाव पैदा होता है और आप नर्वस हो जाते हैं। इसके कारण आपके आमाशय की तंत्रिकाएँ प्रभावित होती हैं और आपको अल्सर हो जाता है।

❁ ❁ ❁

डर सभी को लगता है, लेकिन साहसी लोग लगातार आगे बढ़ते रहते हैं और विजय की चाहत में मौत से भी दो-दो हाथ करने से नहीं चूकते।

❁ ❁ ❁

यदि आप डर पर विजय प्राप्त करना चाहते हैं, तो चुपचाप घर पर बैठकर इसके बारे में विचार न करें, बाहर निकलें और व्यस्त रहें।

❁ ❁ ❁

अपना विश्वास और उम्मीद जिंदा रखिए और आपके डर लुप्त हो जाएँगे।

❁ ❁ ❁

उनसे मत डरिए, जो बहस करते हैं, बल्कि उनसे डरिए, जो छल करते हैं।

## डरपोक

साहसी और सकारात्मक व्यक्तित्व को जीत मिलती है, जबकि डरपोक को हार का मुँह देखना पड़ता है।

❁ ❁ ❁

## डाँट

मूर्खों से तारीफ़ सुनने से बुद्धिमान् की डाँट सुनना ज्यादा बेहतर है।

❁ ❁ ❁

## डुबकी

डुबकी लगाने के बाद आप महसूस करेंगे कि पानी शीतल है।

□

# ढ

## ढक्कन

तेल के कुएँ का ढक्कन अकसर खुला रहता है, लेकिन ज्यादा प्रवाह के लिए तेल के कुएँ का ढक्कन कुछ समय के लिए बंद करना पड़ता है। दरअसल इस प्रकार प्रवाह को शक्ति संयोजित करने का समय मिल जाता है।

❁ ❁ ❁

## ढोंग

सहानुभूति और स्नेह दरशाने का ढोंग किसी काम नहीं आता। इस अभिनय को सफलतापूर्वक नहीं किया जा सकता।

□

# त

## तथ्य

एक तथ्य को दूसरे तथ्य के साथ गुणा कीजिए, निश्चित तौर पर सटीक परिणाम हासिल होगा।

❁ ❁ ❁

एक तथ्य को दूसरे तथ्य से जोड़िए। इसी प्रकार तथ्यों को आपस में मिलाते रहिए, विचारों का प्रवाह विकसित हो जाएगा।

❁ ❁ ❁

तथ्यों के क्रम और सुव्यवस्था से ज्ञान का आभास होता है। तथ्यों को समझना, उनपर विचार करना, बस एक आदत है। इस आदत को कोई भी विकसित कर सकता है।

❁ ❁ ❁

एक तथ्य को दूसरे तथ्यों के साथ जोड़ने से परिणाम हासिल होता है।

❁ ❁ ❁

सामान्य ज्ञान से अर्जित किए गए तथ्यों को केवल सही शब्दों के चयन की आवश्यकता होती है। इन तथ्यों को प्रस्तुत करने के अभ्यास से तर्कशक्ति से जुड़ा भय खत्म हो जाता है।

❁ ❁ ❁

## तनाव

निश्चय का एहसास भावनात्मक तनाव पैदा करता है।

❁ ❁ ❁

## तरीके

अगर जिंदगी में कुछ पाना हो तो तरीके बदलो, इरादे नहीं।

❁ ❁ ❁

## तारा

अगर आप सूरज नहीं बन सकते तो तारा भर बन जाएँ।

❁ ❁ ❁

## तारीफ

अगर किसी से कुछ पाकर या न पाकर भी हम बदले में उसे सच्ची तारीफ नहीं दे सकते, अपने स्वार्थ में अंधे होकर उसकी घोर उपेक्षा करते हैं तो हम चाहे कितने भी दौलतमंद हों, असफल रहेंगे।

❁ ❁ ❁

दिल खोलकर तारीफ करें और गहराई से अनुमोदन करें, लोग खजाने की तरह आपके शब्दों को सहेजकर रखेंगे और जीवन भर उन्हें दुहराएँगे; यहाँ तक कि चाहे आप उन्हें भूल भी जाएँ।

❁ ❁ ❁

जब तारीफ दिल की गहराई से निकलती है तो वह यथार्थ होती है, किसी को खुश करने भर के लिए नहीं।

❁ ❁ ❁

अगर कुछ लोग महत्त्व पाने की लालसा में उन्माद की हद से आगे गुजर जाएँ तो कल्पना कीजिए, ऐसे लोगों की सच्ची तारीफ करके हम और आप उनके जीवन में कितना चमत्कार ला सकते हैं।

## तालमेल

चेतना और अवचेतना के बीच सहज तालमेल स्थापित करना बहुत आवश्यक होता है।

* * *

## तालियाँ

तालियाँ तुम्हारी सफलता की रसीद हैं, बिल नहीं।

## तुलना

वैचारिक तुलना से आत्मविश्वास बढ़ता है। वैज्ञानिक उपलब्धियों के लिए तथ्यों को समझने और एक कड़ी को दूसरी कड़ी से जोड़ने की क्षमता होनी चाहिए।

* * *

## तुष्टि

चाहे हम ठीक हों और दूसरा निश्चित तौर पर गलत हो, लेकिन उसे चोट पहुँचाकर हम केवल अपने अहं की तुष्टि करते हैं।

* * *

## तैरना

समुद्र के किनारे बहुत से लोगों को गीले न होनेवाले नहाने के कपड़े पहने देखा जा सकता है, लेकिन उन्हें पहनकर कोई तैरना नहीं सीख पाता। डुबकी लगाना पहली शर्त और एकमात्र रास्ता है।

□

# थ

## थकान

अकसर हमें थकान काम के कारण नहीं, बल्कि चिंता, निराशा और असंतोष के कारण होती है।

□

# द

## दर्शक

दर्शकों का बार–बार सामना करने से हिचकिचाहट दूर हो जाती है।

❁ ❁ ❁

दर्शकों की उपस्थिति में नम्रता को व्यक्तिगत छूट के तौर पर प्रस्तुत नहीं करना चाहिए।

❁ ❁ ❁

दर्शकों को इंतजार के लिए प्रेरित न करनेवाला कलाकार हँसाने या रुलाने का काम नहीं कर सकता।

❁ ❁ ❁

दर्शकों को बताइए कि आप क्या कहने जा रहे हैं, उसे कहिए और फिर उन्हें बताइए कि आपने क्या कहा।

❁ ❁ ❁

## दिमाग

खाली खाद्य भंडार की तरह खाली दिमाग एक गंभीर विषय है या नहीं, यह मौजूदा संसाधनों की उपलब्धता पर आधारित होता है।

❁ ❁ ❁

## दिल

रिश्ता दिल में होना चाहिए, शब्दों में नहीं और नाराजगी शब्दों में होनी चाहिए, दिल में नहीं।

❁ ❁ ❁

लिख़ना है तो दिल में झाँकिए।

❁ ❁ ❁

## दुःख

लोग कहते हैं—दुःख बुरा होता है, जब आता है, रुलाता है। मगर हम कहते हैं, दुःख अच्छा होता है, जब भी आता है, कुछ–न–कुछ सिखा जाता है।

❁ ❁ ❁

## दुनिया

दुनिया की ज्यादातर महत्त्वपूर्ण चीजें उन लोगों द्वारा प्राप्त की गई हैं, जो कोई उम्मीद न होने के बावजूद अपने प्रयास में लगे रहे।

❁ ❁ ❁

दुनिया की महत्त्वपूर्ण वस्तुओं में से ज्यादातर उन व्यक्तियों द्वारा प्राप्त की गई हैं, जिन्होंने बिल्कुल आशा नहीं होते हुए भी प्रयास करना बंद नहीं किया।

❁ ❁ ❁

दुनिया तुम्हें उस वक्त तक नहीं हरा सकती, जब तक तुम खुद से न हार जाओ।

❁ ❁ ❁

दुनिया में अधिकांश महत्त्वपूर्ण काम तभी संपन्न होते हैं, जब कोई उम्मीद नहीं बचती।

❁ ❁ ❁

दुनिया में किसी से कुछ भी करा लेने का केवल एक ही तरीका है। क्या आप कभी उसके बारे में सोचना छोड़ सकते हैं? हाँ, केवल एक तरीके से। और वह यह है कि किसी और व्यक्ति को उसके (काम के) पीछे लगा दें।

❁ ❁ ❁

दुनिया में हर कोई खुशी तलाश रहा है और इसे खोजने का एक निश्चित तरीका है। वह है अपने विचारों को नियंत्रित करना। खुशी बाहरी परिस्थितियों पर निर्भर नहीं करती, यह आंतरिक स्थिति पर निर्भर करती है।

❁ ❁ ❁

दुनिया लुटेरों और लोभियों से भरी पड़ी है। इसमें जो थोड़े से लोग सच्चे मन से जनसेवा में लगे रहते हैं, लाभान्वित होते हैं। उनके जीवन में कम प्रतियोगिता होती है।

❁ ❁ ❁

दुनिया हमारे बलिदानों को याद नहीं रखेगी, लेकिन हमारे पूर्वजों के बलिदान सदा याद रखे जाएँगे।

❁ ❁ ❁

**दूध विक्रेता**

गाय के थन कितने भी सूखे क्यों न हों, हम दूध दुहने में नाकाबिल क्यों न हों, लेकिन फिर भी दूध विक्रेता हैं।

❁ ❁ ❁

**दोस्त**

अगर आप दुश्मन चाहते हैं तो अपने दोस्तों से स्वयं को श्रेष्ठ सिद्ध करने लगें, लेकिन यदि आप दोस्त चाहते हैं तो अपने दोस्तों को अपने से श्रेष्ठ समझें।

❁ ❁ ❁

सच्चा दोस्त वही है, जो जरूरत पर काम आए और एक–दूसरे की उन्नति की सीढ़ी बन जाए।

❁ ❁ ❁

मैं तुम्हारा लँगोटिया दोस्त हूँ, तुम्हारे कष्ट मेरे कष्ट हैं, तुम हँसते हो तो मैं भी हँसता हूँ।

❁ ❁ ❁

जैसे–जैसे आप आगे बढ़ते हैं, नए–नए दोस्त बनते हैं और पुराने बने हुए छूटते भी जाते हैं। नए दोस्तों से दोस्ती करना अच्छा है, लेकिन बचपन में बने पुराने दोस्त ज्यादा सच्चे और वफादार होते हैं, इसलिए नए की चाहत में पुराने को महत्त्व न देने की गलती न करें।

❁ ❁ ❁

अगर आप दोस्तों का दिल जीतना चाहते हैं, तो उन्हें याद रखें। अगर आप मेरा नाम याद रखते हैं तो मेरा दिल जीत लेते हैं; आप यह दरशाते हैं कि आप मुझसे प्रभावित हैं।

❁ ❁ ❁

अपने प्रतिद्वंद्वियों को आपके प्रति रुचि के लिए सच्चे दिल से शुक्रिया अदा करें। जो कोई आपसे असहमति के लिए आपके पास ही डटा रहता है, उसे अपने सहयोगी के तौर पर देखें, भले ही वह असहमति के तौर पर आपका सहयोग करे और इस प्रकार आप अपने प्रतिद्वंद्वियों को दोस्त बना सकते हैं।

❁ ❁ ❁

## दोस्ती

व्यावसायिक सफलता के लिए उन लोगों से दोस्ती करें, जिन्हें आप अपने क्षेत्र में सफल मानते हैं या अनुकरणीय व्यक्ति समझते हैं।

❁ ❁ ❁

आप किससे दोस्ती करें और कब तक करें, सबकुछ आपकी रुचि और इच्छा पर निर्भर है।

❁ ❁ ❁

## दृढ़ निश्चय

विशेष आदतें विकसित करने के लिए दृढ़ निश्चय का होना बहुत आवश्यक है।

❁ ❁ ❁

दृढ़ निश्चय विश्वास को जन्म देता है। दृढ़ विश्वास रखने की शिक्षा देना स्वाभाविक रूप से जटिल प्रक्रिया है। इस प्रक्रिया में वाद-विवाद और अकसर सुझावों की सहायता ली जाती है।

❁ ❁ ❁

## दृष्टिकोण

क्षमता के मुकाबले कारोबार में कामयाबी और नाकामी की ज्यादा बड़ी वजह मानसिक दृष्टिकोण होता है और इस दृष्टिकोण को हासिल करने का एकमात्र रास्ता है कि इसको हासिल किया जाए।

❁ ❁ ❁

चीजों को ईमानदारी से दूसरों के दृष्टिकोण से देखने की कोशिश करें। दूसरों की इच्छाओं और विचारों का सम्मान करें।

❁ ❁ ❁

जिन्हें उनकी इच्छा के विरुद्ध यकीन दिलाया जाता है, उनका दृष्टिकोण नहीं बदलता।

□

## ध

### धारणा

इस धारणा से छुटकारा पाइए कि मैं एक लाचार, मिट्टी में सना कीड़ा हूँ। इस मान्यता को खत्म करना चाहिए कि 'ईश्वर के आशीर्वाद से विचारक जन्म लेते हैं।'

❁ ❁ ❁

थोड़े से लोग तार्किक होते हैं। अधिकतर लोग पूर्वकल्पित धारणाओं, ईर्ष्या, शक, डर, जलन, अहंकार जैसी बुराइयों से अभिशप्त होते हैं।

❁ ❁ ❁

### धूर्त

धूर्त व्यक्ति भी खुद की काबिलीयत से संतुष्ट होता है। पशु समान संतुष्टि से बेहतर है कि व्यक्ति असंतुष्ट रहे।

❁ ❁ ❁

### धोखा

अगर आप किसी को धोखा देने में कामयाब हो जाते हैं, तो यह मत सोचिए कि वह बेवकूफ है, बल्कि यह सोचिए कि उसका आप पर कितना विश्वास है।

❁ ❁ ❁

## ध्यान

अगर सीखना है तो ध्यान से सुनें। लोग ध्यान से बात सुननेवालों को पसंद करते हैं।

□

# न

## नकल

दूसरों की नकल मत कीजिए, अपने को पहचानिए और जो आप हैं, वही बने रहिए।

❁ ❁ ❁

## नफरत

अगर आप यह जानना चाहते हैं कि लोगों को अपने से दूर कैसे रखें और पीठ पीछे वे आप पर कैसे हँसे, यहाँ तक कि आपसे नफरत करें, तो ऐसा करें—देर तक किसी की न सुनें। अपनी झाड़ते रहें। अगर कोई बात की शुरुआत करे और उसके बारे में आपको पता हो तो उसकी बात को बीच से ही लपक लें और उसे चुप करा दें।

❁ ❁ ❁

अनेक महान् हस्तियों ने नफरत की भट्ठी में खुद को जलने से इसलिए बचाया, क्योंकि उनके सामने विराट् लक्ष्य थे और विराट् लक्ष्य को पूरा करने की चाह में वे इस भट्ठी में खुद को झोंकने से बचाने में कामयाब रहे।

❁ ❁ ❁

घृणा सर्वप्रथम अपने को जलाती है; जिस तरह आग की भट्ठी सबकुछ जलाकर राख कर देती है, उसी तरह नफरत की भट्ठी भी सबकुछ जलाकर खाक कर देती है। जब हम किसी से नफरत करते हैं तो हम अपने शत्रु को

अपनी नींद, भूख, रक्तचाप, सेहत और सुख पर हावी होने का अवसर प्रदान करते हैं। उच्च रक्तचाप से ग्रस्त तमाम लोगों के व्यक्तित्व का एक प्रमुख लक्षण नफरत है। जब लोगों के अंदर नफरत की भावना लंबे समय तक पनपती रहती है, तो उच्च रक्तचाप की बीमारी स्थायी हो जाती है और कुछ समय बाद उन्हें हृदयरोग भी हो सकता है।

❁ ❁ ❁

ध्यान रखें, जब हम अपने दुश्मनों से नफरत करते हैं तो हम हमारी नींद, हमारी भूख, हमारे रक्तचाप, हमारे स्वास्थ्य और हमारी खुशी से अधिक उन्हें शक्ति देते हैं।

❁ ❁ ❁

नफरत करके व्यक्ति अपने चेहरे पर झुर्रियों को आमंत्रित कर लेता है। इस धरा पर कोई भी कॉस्मेटिक सर्जरी व्यक्ति के चेहरे को इतना सुंदर नहीं बना सकती, जितना कि प्रेम, कोमलता और क्षमा की भावना।

❁ ❁ ❁

नफरत को भूलने के लिए किसी ऐसे कार्य में जुट जाइए, जो आपसे बहुत बड़ा हो। ऐसे समय व्यक्ति अपने अपमान और शत्रुता की परवाह नहीं करेगा, ऐसा इसलिए, क्योंकि वह विराट् लक्ष्य के अलावा बाकी सबकुछ भूल जाएगा।

❁ ❁ ❁

## नकारात्मक

यदि आपका रुझान नकारात्मक ऊर्जा की ओर है तो परिणाम भी नकारात्मक होंगे।

❁ ❁ ❁

## नदी

आप एक ही नदी में दो बार नहीं उतर सकते, क्योंकि नदी हर पल बदलती रहती है; इसी प्रकार नदी में उतरनेवाला व्यक्ति भी।

❁ ❁ ❁

## नम्रता

वक्ता के व्यवहार में नम्रता होना गलत नहीं है, लेकिन व्यवहार में दरशाई गई नम्रता में दब्बूपन का एहसास नहीं होना चाहिए।

❁ ❁ ❁

## नाकाम

यदि आप सोचते हैं कि आप नाकाम रहेंगे तो आपके लिए आशा की कोई जगह नहीं है। आप नाकाम ही होंगे।

❁ ❁ ❁

## नाकामी

नाकामी भी कुछ-न-कुछ जरूर सिखाती है; कुछ ऐसा, जो कामयाबी नहीं सिखा सकती।

❁ ❁ ❁

## नाम

नाम सभी भाषाओं में सबसे मधुर और महत्त्वपूर्ण ध्वनि होते हैं।

❁ ❁ ❁

याद रखें, किसी व्यक्ति का नाम उस व्यक्ति के लिए किसी भी भाषा में सबसे मधुर और महत्त्वपूर्ण ध्वनि होती है।

❁ ❁ ❁

## नामुमकिन

नेपोलियन ने एक सैनिक को केवल 'नामुमकिन' शब्द का इस्तेमाल

करने की वजह से सेना से बाहर निकाल दिया था।

❁ ❁ ❁

## निंदा

निंदा आकाश की ओर फेंके गए उस पत्थर के समान है, जो लौटकर उसी पर गिरता है, जिसने उसे फेंका था।

❁ ❁ ❁

यह मानकर चलें कि जिस व्यक्ति को हम सुधारने और निंदित करने जा रहे हैं, वह हमेशा स्वयं को सही ठहराएगा और बदले में हमारी निंदा करके हमें गलत ठहराएगा।

❁ ❁ ❁

## निखार

स्वतंत्र और निस्स्वार्थ विचारों से व्यक्तित्व में निखार आता है।

❁ ❁ ❁

## निपुणता

अध्ययन की ओर निरंतर झुकाव, भावोत्तेजक विचारों का गहन आकलन और जीवन के संघर्षों से जूझने का साहस निपुणता हासिल करने के महत्त्वपूर्ण माध्यम हैं।

❁ ❁ ❁

इच्छाशक्ति भी निपुणता हासिल करने में अहम भूमिका निभाती है।

❁ ❁ ❁

## निराश

अगर कोई आपका दिल दुःखाए तो निराश मत होना, याद रखना कि जिस पेड़ पर सबसे अधिक फल होते हैं, उसी पर सबसे अधिक पत्थर पड़ते हैं।

❁ ❁ ❁

## निर्भीक

निर्भीक बनें। यह आपके इरादे पर आधारित है कि आप खुद को किस दिशा में ढालते हैं।

❁ ❁ ❁

निर्भीक मनोदशा में जीत हासिल करना सरल होता है।

❁ ❁ ❁

निर्भीक व्यवहार दर्शकों का ध्यान खींचने में सहायक साबित होता है, जबकि एक खरगोश-दिल डरपोक वक्ता मुसीबत को न्योता देता है।

❁ ❁ ❁

## निष्कर्ष

किसी मुद्दे के विषय में निष्कर्ष तक पहुँचने से पहले सभी तथ्यों और पहलुओं की बारीकी से जाँच कीजिए तथा विषय की गहराई को समझिए।

❁ ❁ ❁

## निष्क्रियता

निष्क्रियता से संदेह और डर की उत्पत्ति होती है; क्रियाशीलता से विश्वास एवं साहस का सृजन होता है।

❁ ❁ ❁

## नीरसता

नीरसता हमें सीमाओं में जकड़ लेती है।

❁ ❁ ❁

## नेतृत्व

अगर किसी व्यक्ति के दिल में आपके प्रति मतभेद, दुर्भावनाएँ और नफरत भरी हो तो आप नेक नीयत से भरे तर्कों के सहारे उसे नहीं जीत सकते। डाँटनेवाले माता-पिता, मगरूर अफसर एवं शौहर तथा चिड़चिड़ी पत्नियों को यह एहसास होना चाहिए कि लोग अपने आप को बदलना नहीं चाहते। उन्हें बलपूर्वक आपसे

या मुझसे सहमत नहीं किया जा सकता। लेकिन उनका नेतृत्व किया जा सकता है, मगर हम नरम और दोस्ताना हों—कभी नरम होकर और कभी दोस्ताना व्यवहार से।

❁ ❁ ❁

नेतृत्व करने का कोई एक निश्चित नियम नहीं है और योग्य नेतृत्वकर्ता एक जैसे व्यक्तित्व के नहीं होते। वे बातूनी या गंभीर, मजाकिया या शांत, कठोर या नरम, शरमीले या जोशीले हो सकते हैं।

❁ ❁ ❁

नेतृत्व क्षमता न तो शीर्ष से शुरू होती है, न ही वहाँ जाकर समाप्त होती है। यह उन जगहों पर उतनी ही अहम है और संभवत: कहीं अधिक अहम, जहाँ हममें से अधिकतर लोग रहते और काम करते हैं।

❁ ❁ ❁

## नेतृत्वकर्ता

नेतृत्वकर्ता अपने लिए मानक तय करता है और फिर उनपर सौ फीसदी खरा ठहरता है।

❁ ❁ ❁

## नौकरी

बहुत से लोग सोचते हैं कि अगर वे दूसरे स्थान पर होते या दूसरी नौकरी में होते तो ज्यादा खुश होते। इसमें संदेह है। इसलिए जो काम आप कर रहे हैं और जहाँ आप हैं, वहीं पर अपना अधिकतम करके ज्यादा खुशी पाएँ और भविष्य की सोचकर आज की खुशियों को न ठुकराएँ।

❁ ❁ ❁

## न्याय

न्याय कितना भी पुराना क्यों न हो, उसकी महत्ता क्षीण नहीं होती। □

## प

### पगडंडी

अगर आप राजमार्ग नहीं बन सकते तो मात्र एक पगडंडी ही बन जाएँ।

❁ ❁ ❁

### पति-पत्नी

एक मुसकान व खिला चेहरा ही पति-पत्नी को करीब लाता है।

❁ ❁ ❁

### पत्नी

यदि आप प्रत्येक दिन शांति से बिताना चाहते हैं तो अपनी पत्नी के घरेलू काम में कभी दोष न निकालें या उसके काम में और अपनी माता के काम में कभी द्वेषोत्पादक तुलना न करें। परंतु इसके विपरीत सदा उसके गार्हस्थ्य जीवन की प्रशंसा करते रहें और प्रकट रूप से अपने को धन्यवाद दें कि आपको एक ऐसा दुर्लभ स्त्री-रत्न मिला है, जिसमें सरस्वती, रति और सीता के सभी गुण विद्यमान हैं। रोटी जलकर चाहे कोयला हो गई हो और दाल चाहे मारे नमक़ के मुँह में न जा सकती हो, शिकायत न करें। केवल इतना कहें कि आज भोजन पहले जितना स्वादिष्ट नहीं, फिर वह आपके लिए मन-भाता भोजन तैयार करने में अपनी बलि तक दे देगी। यह काम बहुत अक़स्मात् ही न आरंभ कर दें, नहीं तो उसे संदेह हो जाएगा।

❁ ❁ ❁

आपकी पत्नी में अवश्य कई अच्छे गुण होंगे या कम-से-कम किसी समय आप उसमें वह गुण समझते थे, अन्यथा आप उससे कभी विवाह न करते। परंतु उसके आकर्षण की प्रशंसा किए आपको कितनी देर हुई? कितनी देर? कितनी देर?

❁ ❁ ❁

**परिणाम**

किसी विषय का चुनाव कीजिए और दिन के नियमित कार्यकलाप के दौरान बरबाद होनेवाले समय का उपयोग कीजिए; परिणाम बहुत उत्साहजनक होंगे।

❁ ❁ ❁

**परिवर्तन**

परिवर्तन के नियम को छोड़कर सबकुछ बदल जाता है।

❁ ❁ ❁

**परीक्षा**

बिना निराश हुए पराजय को सह लेना इस धरती पर साहस की सबसे बड़ी परीक्षा है।

❁ ❁ ❁

**पश्चात्ताप**

पश्चात्ताप से पाप पूरी तरह धुल जाते हैं, साथ ही सत्य के मार्ग की जानकारी मिलती है, लेकिन इससे बड़ी सच्चाई यह है कि यदि मैं भी आपको यही शिक्षा देने लगूँगा तो सभी लोग पश्चात्ताप का मार्ग अपना लेंगे। फिर यहाँ कोई नहीं बचेगा।

❁ ❁ ❁

पश्चात्ताप ही पापों को धोने का सही मार्ग है।

### पसंद-नापसंद

आपसी संबंधों में पसंद-नापसंद का इस्तेमाल किया जा सकता है, लेकिन याद रखें, प्रकृति की कोई पसंद-नापसंद नहीं होती है, अत: प्रकृति से कुछ उधार नहीं मिलता।

❁ ❁ ❁

### पहनावा

पहनावे से अकसर इनसान के व्यक्तित्व का पता लग जाता है।

❁ ❁ ❁

### पहाड़

प्रचंड वायु से भी पहाड़ विचलित नहीं होते।

❁ ❁ ❁

### पानी

संसार में पानी से सरल कुछ भी नहीं है, किंतु उसका तेज बहाव बड़ी-से-बड़ी रुकावट के टुकड़े-टुकड़े कर देता है।

❁ ❁ ❁

गिलास में मौजूद हवा निकालने के लिए उसमें पानी भरना पड़ता है।

❁ ❁ ❁

### पाप

पाप की बुनियाद निजी स्वार्थ की जमीन पर खोदी जाती है।

❁ ❁ ❁

### पुस्तक

पुस्तक के गहन अध्ययन से पुस्तक का महत्त्व तीन गुना बढ़ जाता है।

❁ ❁ ❁

हर पुस्तकालय में ऐसी पुस्तकें जरूर होती हैं, जिन्हें आज नहीं तो कल जरूर पढ़ा जाएगा।

❁ ❁ ❁

## पुस्तकालय

संतुलन और आत्मविश्वास के लिए संघर्ष करें। संदेह-रहित खजाना छोटे से पुस्तकालय में मिलता है।

❁ ❁ ❁

## पूँजी

पूँजी का अर्थ है—आज की कमाई को भविष्य के लिए बचाकर रखना।

❁ ❁ ❁

लोगों का उत्साह जगाने को मैं अपनी योग्यता मानता हूँ। यह मेरी सबसे बड़ी पूँजी है और यह सब मैं तारीफ और प्रोत्साहन के जरिए करता हूँ।

❁ ❁ ❁

## प्रकट

मैं जो प्रकट है, उसे उजागर करता हूँ। मैं प्रकट को सामने लाता हूँ, बार-बार दुहराता हूँ तथा महिमामंडित करता हूँ, क्योंकि प्रकट को सामने लाना ही लोगों की सबसे बड़ी जिम्मेदारी है।

❁ ❁ ❁

## प्रकृति

प्रकृति ईंधन से भरी टंकी की तरह करुणा रहित होती है। टंकी का ईंधन खत्म तो मशीन बंद।

❁ ❁ ❁

प्रकृति के धैर्य को देखकर स्वयं के उतावलेपन पर शर्मिंदगी महसूस करनी चाहिए।

❁ ❁ ❁

प्रकृति के व्यवहार और प्राकृतिक घटनाओं पर ध्यान दीजिए। पेड़ की पत्तियाँ हवा के हलके से झोंके से भी हिलने लगती हैं। इसी प्रकार चेहरे की मांसपेशियाँ और आँखों की चमक में भाव के साथ बदलाव लाने का अभ्यास कीजिए।

❁ ❁ ❁

प्रकृति खालीपन से घृणा करती है, लिहाजा खालीपन को आस-पास मौजूद सामग्री से भर देती है। प्रकृति ने वास्तविकता को विशेष ऊर्जा प्रदान किया है।

❁ ❁ ❁

**प्रचंडता**

किसी भी प्रकार की प्रचंडता से सदैव बचें।

❁ ❁ ❁

**प्रदर्शन**

यह प्रदर्शन और प्रस्तुतीकरण का दौर है। केवल सत्य कह भर देना ही काफी नहीं है। सत्य को चटपटा, रुचिकर और नाटकीय बनाना भी जरूरी है। आपको खेल दिखाने की कला का इस्तेमाल करना होगा। चलचित्र ऐसा करते हैं। टेलीविजन ऐसा करता है और यदि आप भी लोगों का ध्यानाकर्षण चाहते हैं तो आपको भी यह सब करना होगा।

❁ ❁ ❁

बिना किसी मौके के नजाकत और दक्षता का प्रदर्शन नहीं करना चाहिए।

❁ ❁ ❁

**प्रभाव**

लोगों को अपने व्यक्तित्व के तेज से आकर्षित करनेवाली हस्ती का प्रभाव सभी पर एक जैसा नहीं होता।

❁ ❁ ❁

**प्रभुत्व**

सभी व्यक्तियों में प्रभुत्व के प्रति आदर का भाव होता है, हालाँकि इस आदर की मात्रा कम या ज्यादा हो सकती है।

❁ ❁ ❁

**प्रयास**

लोगों से सार्थक विचार-विमर्श करें और सफलता पाने के लिए लगातार प्रयासरत रहें।

❁ ❁ ❁

**प्रश्न**

पूछा गया एक विवेकपूर्ण प्रश्न आधे ज्ञान के समान है।

❁ ❁ ❁

**प्रयास**

अगर लगने लगे कि लक्ष्य हासिल नहीं हो पाएगा तो लक्ष्य को नहीं, बल्कि अपने प्रयासों को बदलें।

❁ ❁ ❁

**प्रसन्नता**

प्रसन्नता बाँटने की विशेषता में ही विविधता प्रदान करने की शक्ति निहित है।

❁ ❁ ❁

प्रसन्नता बाहरी परिस्थितियों पर निर्भर नहीं करती, यह हमारे मानसिक रवैये से संचालित होती है।

❁ ❁ ❁

प्रसन्नता मुख्य रूप से मानसिक प्रवृत्ति है। जिंदगी के लिए सकारात्मक नजरिया प्रसन्नता को जन्म देता है।

❁ ❁ ❁

## प्रायश्चित्त

प्रायश्चित्त के लिए अपनी गलती को सुधारिए और अध्ययन कीजिए, निश्चित रूप से परिणाम सकारात्मक होंगे।

❁ ❁ ❁

## प्रेरणा

यदि हिम-दरार को लाँघना जीवन-रक्षा के लिए जरूरी हो जाए तो किसी प्रेरणा की आवश्यकता नहीं होती। ऐसे मौके पर व्यक्ति अपनी मांसपेशियों में खुद-ब-खुद लचक महसूस करने लगता है।

❁ ❁ ❁

## प्रोत्साहन

एक बार किसी को प्रोत्साहन दें और उसके दिल में अपना प्रभाव बढ़ता देखें। जब भी संभव हो, उसे प्रोत्साहित करें और उसे हर समय आपके कार्य के लिए तत्पर पाएँ।

❁ ❁ ❁

## प्यार

ज़ब आप किसी को प्यार करते हैं तो बिना अपेक्षा उसे अपना सबकुछ दे देते हैं।

□

# फ

**फव्वारा**

जमीन से प्राकृतिक तौर पर उत्पन्न कूप से पानी का फव्वारा तेजी से ऊपर की ओर उठकर कई फीट ऊँचाई तक पहुँच जाता है। निस्संदेह ऊँचाई तक उठते इस फव्वारे का रहस्य जमीन के अंदर बहनेवाले पानी की मात्रा और गति में छुपा होता है।

❁ ❁ ❁

**फायदा**

सच बोलने का एक यह भी फायदा है कि झूठ की तरह हमें उसे याद नहीं रखना पड़ता।

❁ ❁ ❁

**फल**

हम अपने लिए पेड़ से फल तोड़ने की इच्छा रखते हैं। यदि फल कड़वा निकलता है तो हम उस पेड़ को कभी नहीं भूलते।

❁ ❁ ❁

**फूल**

बगीचे में खर-पतवार और काँटेदार पौधे स्वयं ही उग आते हैं, लेकिन संयोजित तौर पर उगाए गए फूल के पौधे बगीचे को मनमोहक एवं खुशबूदार बना देते हैं।

❁ ❁ ❁

## फैसला

भगवान् खुद आदमी की मौत से पहले उसका फैसला नहीं करता है। फिर आप और मैं ऐसा करनेवाले कौन होते हैं?

❁ ❁ ❁

कुछ मिनट में जिंदगी नहीं बदलती, पर कुछ मिनट में सोचकर लिया हुआ फैसला पूरी जिंदगी बदल देता है। इसलिए फैसलों को अहमियत दीजिए।

□

# ब

## बदलाव

जीवन एक सतत बदलाव का नाम है। केवल आज, अभी और अब ही भरोसेमंद है।

❁ ❁ ❁

यदि सड़क पर टहलते समय लोगों का ध्यान आपकी चाल की ओर आकर्षित होता है तो जाहिर है कि आपके व्यक्तित्व के मुकाबले चलने का ढंग लोगों पर ज्यादा असर डाल रहा है। अत: चाल में बदलाव की आवश्यकता है।

❁ ❁ ❁

सलाह के बावजूद विचारों को न बदलनेवाले व्यक्ति में बदलाव की गुंजाइश बहुत कम होती है।

❁ ❁ ❁

## बनावटी

बनावटी अंदाज से कमजोर विचारों को आकर्षक नहीं बनाया जा सकता।

❁ ❁ ❁

## बल

नैतिक और शारीरिक बल लगभग एक ही तरह से काम करता है। दोनों बलों को दरशाने में तनाव और तंतु-शक्ति की भूमिका एक समान होती है।

❁ ❁ ❁

बल की उत्पत्ति विरोधाभास के दो अनंत किनारों में से किसी एक किनारे पर होती है।

❁ ❁ ❁

बल यदि कारण है तो प्रभाव भी ऐसा ही है।

❁ ❁ ❁

सबको तरोताजा करनेवाले बल हैं—एक अच्छा धर्म, नींद, संगीत और हँसी। ईश्वर पर भरोसा रखें, अच्छी नींद की आदत डालें, जीवन का मनोरंजक पक्ष देखें और फिर स्वास्थ्य तथा खुशी आपके कदम चूमेंगे।

❁ ❁ ❁

## बलिदान

बलिदान से ही लक्ष्य की प्राप्ति होती है।

❁ ❁ ❁

## बहस

किसी बहस का सबसे अधिक लाभ उठाने का एक ही तरीका है कि उसे टाल दें।

❁ ❁ ❁

मैं इस नतीजे पर पहुँचा हूँ कि बहस से हम जो सबसे अच्छा पा सकते हैं, वह यह है कि बहस से बचें। इससे वैसे ही बचें, जैसे आप साँप और भूकंप से बचते हैं।

❁ ❁ ❁

किसी बहस में आप नहीं जीत सकते, क्योंकि अगर आप हारते हैं तो आप हार जाते हैं और अगर आप जीतते हैं तो आप इसे हार जाते हैं।

❁ ❁ ❁

**बहादुर**

बहादुर लोग भय को पहचानते जरूर हैं, लेकिन उसे प्रदर्शित नहीं करते।

❁ ❁ ❁

**बाजीगरी**

बाजीगरी के मुकाबले 'हाथ की सफाई' ज्यादा प्रचलित शब्द है।

❁ ❁ ❁

**बात**

मैं जो केवल एक बात जानता हूँ, वह यह है कि मैं कुछ नहीं जानता।

❁ ❁ ❁

किसी से उसी के बारे में बात करें और वह घंटों आपको सुनता रहेगा।

❁ ❁ ❁

दु:ख की बात यह है कि बहुधा जिन मनुष्यों के पास अपने कार्यों की डींग हाँकने के लिए कुछ भी आधार नहीं होता, वे अपनी भीतरी अल्पता के भाव को बाहरी चीत्कार, कोलाहल और अभिमान के सहारे खड़ा करते हैं और ये तीनों बातें बड़ी घृणाजनक तथा सचमुच जी मिचलानेवाली हैं।

❁ ❁ ❁

**बातचीत**

बातचीत करके ही आप बोलना सीख सकते हैं, जैसे पानी में उतरकर तैरना।

❁ ❁ ❁

बातचीत तब मददगार हो जाती है, जब आप यह दरशाते हैं कि आप अन्य लोगों के विचारों को भी अपने विचारों की तरह अहमियत दे रहे हैं।

❁ ❁ ❁

## बाधा

साहस एवं प्रयत्न से रास्ते की बाधाओं पर विजय हासिल की जा सकती है।

❁ ❁ ❁

## बार-बार

बार-बार अभ्यास करें, निस्संदेह मनचाहा परिणाम हासिल होगा।

❁ ❁ ❁

बार-बार अभ्यास के जरिए असाधारण मुकामों को हासिल किया जाता है।

❁ ❁ ❁

बार-बार दर्शकों का सामना करके आपका शरमाना बंद हो जाएगा।

❁ ❁ ❁

## बाल

बाल सफेद करने में जिंदगी निकल जाती है; काले तो आधे घंटे में हो जाते हैं।

❁ ❁ ❁

## बालूघड़ी

कल्पना करें कि आपका जीवन बालूघड़ी के समान है। जैसा कि आप जानते हैं, बालूघड़ी के ऊपरी हिस्से में रेत के हजारों कण मौजूद होते हैं और वे कण धीरे-धीरे और समान चाल से बीच की सँकरी गरदन की ओर से गुजरते हैं। आप या मैं ज्यादा-से-ज्यादा एक कण को सँकरी गरदन के पार

सरका सकते हैं; यह ध्यान रखते हुए कि बालूघड़ी की चाल बाधित न हो। आप, मैं और हरेक यह बालूघड़ी हैं।...यदि हम एक बार में एक काम नहीं लेते, कई कामों के पीछे पड़े रहते तो धीरे-धीरे एक समान रूप से हम अपनी ही संरचना को टूटने के लिए बाध्य कर देते हैं।

❁ ❁ ❁

## बीज

फसल में केवल बीज देखनेवाला किसान अन्न का उत्पादन नहीं कर सकता।

❁ ❁ ❁

## बुद्धिमानी

दूसरों को समझना बुद्धिमानी है, खुद को समझना असली ज्ञान है, दूसरों को काबू करना बल है और खुद को काबू करना वास्तविक शक्ति है।

❁ ❁ ❁

## बुराई

किसी की बुराई कर अपना समय खराब न करें। किसी के दिल तक पहुँचने का राजमार्ग है कि उससे उन्हीं चीजों के बारे में बातें की जाएँ, जिनका वह गहरा जानकार है।

❁ ❁ ❁

दूसरों की बुराई करना फालतू और ईर्ष्यालु लोगों का काम है।

❁ ❁ ❁

दूसरों की बुराई करके हम अपना बुरा करते हैं। दूसरों के विचारों और इच्छाओं के प्रति संवेदनशील रहें।

❁ ❁ ❁

गाँठ का खाना व बुराई में ऊर्जा खर्च करना उचित नहीं है। बुराई कर हम अपने व्यक्तित्व का प्रक्षेपण करते हैं। हम अपनी तसवीर दिखाते हैं। हमारे पूर्वग्रह उसमें बड़ी भूमिका निभाते हैं। हमें दूसरों में बुराई निरपेक्ष नहीं दिखती।

❁ ❁ ❁

बुराई के क्रम में हम कई बार दूसरे उपयोग कर लेते हैं। दूसरे अपना उद्‌देश्य पूरा करते हैं।

❁ ❁ ❁

बुराई सुनने व बुराई करने के क्रम में न पड़ें; इससे नकारात्मकता उपजती है व जीवन में अँधेरा बढ़ता है। इससे समय, मन, तन व धन की हानि होती है।

❁ ❁ ❁

## बुरे-से-बुरा

पहले अपने आप से पूछें—बुरे-से-बुरा क्या हो सकता है? और फिर उसे स्वीकार करने के लिए तैयार रहें तथा उस बुरे को सुधारने की दिशा में काम करें।

❁ ❁ ❁

## बेचैनी

बेचैनी भी एक भाव है। बेचैनी जैसे कई निरर्थक भाव मुद्‌दे से दर्शकों का ध्यान भटकाने का काम करते हैं।

❁ ❁ ❁

## बेहतर

हर देश खुद को अन्य देशों से बेहतर समझता है; इसी से देशभक्ति आती है और युद्ध भी।

❁ ❁ ❁

## बोलना

बोलना चाँदी के समान है, लेकिन चुप रहना सोने की भाँति है। बोलना मानवीय है, चुप्पी ईश्वरीय है।

❁ ❁ ❁

बोलने से पहले लफ्ज इनसान के गुलाम होते हैं, लेकिन बोलने के बाद इनसान अपने लफ्जों का गुलाम बन जाता है।

❁ ❁ ❁

बोलने से पहले विचार की सत्यता को परखा जाना चाहिए, फिर उस विचार को ब्रह्मसत्य के तौर पर प्रस्तुत करना चाहिए।

❁ ❁ ❁

## बोलने की कला

सार्वजनिक तौर पर बोलने की कला में निपुण होने के लिए सत्य, जोर, भावना और जीवन से जुड़े अहम सिद्धांतों को अपनाना जरूरी होता है।

□

# भ

**भय**

यदि आप में भूलने का भय हावी है तो कुछ भी याद रखना संभव नहीं है। भय को जड़ से उखाड़ना आवश्यक होता है।

❁ ❁ ❁

भय से छुटकारा पाइए। बेकाबू भय बुजदिली का कारण बन जाता है।

❁ ❁ ❁

**भरोसा**

अगर आपको अपने काम पर भरोसा है तो कोई भी आपको आपके काम से नहीं डिगा सकता। दुनिया के अधिकतर सर्वश्रेष्ठ कार्य प्रत्यक्ष असंभावनाओं के विरुद्ध जाकर ही हुए हैं। बड़ी बात यह है कि काम को पूरा करके ही हटना।

❁ ❁ ❁

अगर कोई आप पर आँख बंद करके भरोसा करे, तो आप उसका भरोसा तोड़कर यह एहसास मत करवाओ कि वह अंधा है।

❁ ❁ ❁

उन्मुक्त ढंग से प्रोत्साहन करें, चीजों को सरल ढंग से प्रस्तुत करें, लोगों को यह दरशाएँ कि आपको उनकी योग्यता में भरोसा है।

❁ ❁ ❁

**भाग्य**

भाग्य के उचित निर्माण के लिए शुद्ध विचारों और चरित्र की भूमिका अहम होती है।

❁ ❁ ❁

**भाव**

मृत्यु के बाद शोकसभा में मिलनेवाले करीबियों, संबंधियों और दोस्तों से बिना किसी भाव के मिला जाता है।

❁ ❁ ❁

भाव अंतर्मन से पैदा होने चाहिए; जबरदस्ती पैदा किए गए भाव बनावटी लगते हैं।

❁ ❁ ❁

भावना, विचार और इच्छा पर थोड़ा नियंत्रण रखा जाए। किसी एक भाव के मस्तिष्क पर हावी होने से पहले उस भाव, विचार, इच्छा या फिर तीनों को अच्छी तरह से समझने की कोशिश करनी चाहिए।

❁ ❁ ❁

**भावना**

मान्यताओं की तरह भावनाएँ भी संक्रामक होती हैं। ईमानदारी, प्रभाव और उत्साह से ज्यादा महत्त्वपूर्ण है भावना। भावना के आधार पर की गई अपील बेहद प्रभावशाली होती है।

❁ ❁ ❁

भावनाओं का निर्णय-शक्ति पर सीधा प्रभाव पड़ता है।

❁ ❁ ❁

भावनाओं की शुद्धता की झलक विचारों में दिखाई देती है। शुद्ध और प्रभावशाली विचारों का जन्म इच्छा की शुद्धता से होता है।

❁ ❁ ❁

भावनाओं को समझनेवाला व्यक्ति स्वार्थी नहीं हो सकता, चाहे उन्हें बार-बार मूर्ख साबित करने की कोशिश क्यों न की जाए।

❁ ❁ ❁

भावनाओं से प्रेरित विचार ही कल्याणकारी हो सकते हैं।

❁ ❁ ❁

भावहीन चित्रण हड्डियों में जमनेवाली ठंड की तरह निराशाजनक होता है। प्रभावशाली चित्रण के लिए भावनाओं की गरमाहट आवश्यक होती है।

❁ ❁ ❁

**भावनाएँ**

हमारी भावनाएँ खाने के प्रति हमारी इच्छा और सामाजिक व्यवहार का तरीका निर्धारित करती हैं।

❁ ❁ ❁

**भाषण**

वास्तविक सहानुभूति और स्नेह से भरा व्यक्तित्व ही मानवता की भावनाओं में जागृति पैदा करने योग्य भाषण प्रस्तुत कर सकता है।

❁ ❁ ❁

महज गरजने से भाषण को प्रभावशाली नहीं बनाया जा सकता; हालाँकि ऐसे कुछ पल जरूर होते हैं, जब भाषण के किसी हिस्से को तेज आवाज के जरिए बहुत प्रभावशाली बनाया जा सकता है।

❁ ❁ ❁

भाषण के दौरान जोर देने के नियम किसी खूँटे से बँधे नहीं होते।

❁ ❁ ❁

## भाषा-शैली

ध्यान देना चाहिए कि भाषा-शैली से किसी विवाद को पनपने का मौका तो नहीं मिल रहा। उत्तम भाषा-शैली को पहचानने की योग्यता न रखनेवाले व्यक्ति के लिए इस कला को सीखना बेहद मुश्किल साबित हो सकता है।

❁ ❁ ❁

## भीड़

भीड़ की भावनाओं को एकजुट करना आसान नहीं होता है।

❁ ❁ ❁

भीड़ की विचारधारा आदिम होती है। भीड़ में विचारों के प्रति प्रोत्साहन होता है; लिहाजा विचारों की पूर्ति के लिए भीड़ किसी भी हद तक जा सकती है।

❁ ❁ ❁

भीड़ नेता की सलाह के मुताबिक कार्य करती है। नेता के बिना भीड़ किसी निर्णय तक नहीं पहुँच सकती।

❁ ❁ ❁

भीड़ में विवाद पैदा होने की संभावना बहुत अधिक होती है, लेकिन किसी मजबूत नेतृत्व द्वारा भीड़ को विकास, कल्याण और उत्थान के कार्य के लिए प्रेरित किया जा सकता है।

❁ ❁ ❁

भीड़ लोगों द्वारा तैयार किए गए गिरोह के समान होती है।

❁ ❁ ❁

भीड़ गिरोह या जन-समूह के मार्गदर्शन के लिए नेता की अस्तित्व-निर्णायक स्थिति को जन्म देती है। नेता के नेतृत्व में लोग संगठित होते हैं।

❁ ❁ ❁

**भूल**

यदि मनुष्य कुछ सीखना चाहे, तो उसकी प्रत्येक भूल कुछ-न-कुछ सिखा देती है।

❁ ❁ ❁

**भ्रम**

भ्रम की स्थिति चिंता का मुख्य कारण होती है।

❁ ❁ ❁

भाग्य मिलता नहीं है, इसे लपकना पड़ता है।

❁ ❁ ❁

भाग्य संयोग से नहीं मिलता, इसे चुना जाता है।

□

# म

## मन

आप अगर अपने मन को मना लें तो किसी भी डर को जीत सकते हैं। याद रखें, भय मन में छोड़कर कहीं भी मौजूद नहीं है।

❁ ❁ ❁

## मनुष्य

मनुष्य की यह गहरी इच्छा होती है कि लोग उसकी अहमियत समझें।

❁ ❁ ❁

मनुष्य जैसा भाव रखता है, वैसा ही हो जाता है। उसके भाव ही उसका सृजन करते हैं। वही अपना भाग्य-विधाता है।

❁ ❁ ❁

मनुष्य तारीफ का भूखा होता है। तारीफ सुनने की ललक मानव-स्वभाव की गहराई में बसी होती है।

❁ ❁ ❁

मनुष्य सबसे बड़ी गलती तब करता है, जब अपनी उपलब्धियों को बढ़ा-चढ़ाकर अभिव्यक्त करता है।

❁ ❁ ❁

## मरीज

सत्तर प्रतिशत मरीज ऐसे होते हैं, जो अपना डर और चिंता दूर कर लें तो वे बिना कोई दवा लिये ही ठीक हो सकते हैं।

❁ ❁ ❁

## मस्तिष्क

मस्तिष्क चाहे कितने भी लंबे समय के लिए विचारहीन क्यों न रहा हो, आवश्यकता पड़ने पर विचार विकसित हो ही जाते हैं।

❁ ❁ ❁

मस्तिष्क तक पहुँचनेवाले सभी विचार तब तक सही प्रतीत होते हैं, जब तक उनकी सत्यता और शुद्धता का आकलन नहीं किया जाए।

❁ ❁ ❁

मस्तिष्क में तैयार लय के प्रति रुझान, उसकी महत्ता क्षीण होने के बाद ही खत्म होती है।

❁ ❁ ❁

मस्तिष्क में प्रवेश करनेवाला हर विचार कार्य को जन्म देता है, केवल उन्हीं विचारों के लिए कार्यशीलता रद्द होती है, जिनके लिए विरोधाभास का भाव उत्पन्न होता है।

❁ ❁ ❁

## महत्त्वपूर्ण

अगर आप मुझसे पूछें कि महत्त्वपूर्ण बनकर मुझे कैसा लगता है तो मैं कहूँगा, जैसा आपको।

❁ ❁ ❁

किसी भी महान् कार्य को अंजाम देने के लिए सावधानी बहुत महत्त्वपूर्ण

होती है। किसी महत्त्वपूर्ण भाव को बल देने से पहले कथन की सत्यता, महत्त्व और सही मतलब का बोध होना बहुत जरूरी होता है।

❁ ❁ ❁

क्या कहा गया है, यह महत्त्वपूर्ण नहीं है। कैसे कहा गया है, यह महत्त्वपूर्ण है।

❁ ❁ ❁

यदि आप लोगों के प्यारे बनना चाहते हैं और तुरंत बनना चाहते हैं तो नियम यह है—दूसरे व्यक्ति को महत्त्वपूर्ण अनुभव कराइए और यह सच्चे हृदय से कराइए।

❁ ❁ ❁

**महान्**

महान् एवं वास्तविक गंभीरता से नायक का उदय होता है।

❁ ❁ ❁

महान् पुस्तक के हर अध्याय में एक महान् संदेश छुपा होता है।

❁ ❁ ❁

महान् व्यक्ति लक्ष्य के लिए इस्तेमाल की जानेवाली गंभीरता और लगन की व्याख्या नहीं कर सकता।

❁ ❁ ❁

**महानता**

महानता का सबसे मजबूत आधार है—समर्पण की भावना।

❁ ❁ ❁

**महापुरुष**

पत्थरों में धर्मोपदेश और नदियों में ग्रंथ ढूँढ़नेवाले महापुरुषों की संख्या

बहुत कम है। दरअसल आमतौर पर लोग नदियों में पत्थर और ग्रंथों में धर्मोपदेश देखने के आदी हैं।

❁ ❁ ❁

### माफी

माफी माँगने से कभी यह साबित नहीं होता कि हम गलत हैं और सामने वाला सही। माफी का असली मतलब है कि हममें रिश्ते निभाने की काबिलीयत उससे ज्यादा है।

❁ ❁ ❁

### मित्र

लोगों को मित्रवत् बनाए रखने की बुनियादी तकनीक है—आलोचना, निंदा और शिकायत न करें। उनकी सच्ची और दिल खोलकर प्रशंसा करें। उनसे गर्मजोशी के साथ मिलें।

❁ ❁ ❁

मेरी सारी संपत्ति लेकर मुझे कोई एक सच्चा मित्र दे दो।

❁ ❁ ❁

दो साल तक औरों को खुद में रुचि लेने का प्रयास करने की अपेक्षा आप दो महीने दूसरों में रुचि लेकर कहीं अधिक मित्र बना सकते हैं।

❁ ❁ ❁

### मुसकराकर

मैंने हजारों कारोबारी लोगों से कहा है कि हफ्ते भर हर घंटे किसी से मुसकराकर मिलें और फिर कक्षा में आकर अपने अनुभव बाँटें।

❁ ❁ ❁

### मुसकान

मुसकान बहुत मूल्यवान् होती है। इसमें कोई लागत नहीं आती, पर गहरा प्रभाव छोड़ती है। यह लेनेवाले को समृद्ध करती है और देनेवाले को भी दरिद्र

नहीं बनाती। यह एक कौंध की तरह जन्म लेती है और कभी-कभी जीवन भर की याद छोड़ जाती है। यह घर में खुशियाँ बिखेरती है, कारोबार में सद्भावनाओं की बढ़ोतरी करती है तथा मित्रता की परिचायक है।

❁ ❁ ❁

मुसकान भरी आवाज दिल जीतने का काम करती है।

❁ ❁ ❁

मुसकान का मूल्य कुछ नहीं, पर उपलब्धि बहुमूल्य है। कोई भी ऐसा अमीर नहीं, जो इसके बिना रह सके; गरीब इसे पाकर अमीर बन सकता है। यह थके हुए के लिए विश्राम, हताश के लिए आशा, उदास के लिए उत्साह का प्रकाश और समस्याओं का प्राकृतिक तोड़ है।

❁ ❁ ❁

मुसकान से खिले चेहरेवाले लोग प्रबंधन, अध्यापन, व्यापार और बच्चे पालने में कुशल होते हैं।

❁ ❁ ❁

मुसकान एक थके हुए व्यक्ति के लिए आश्रय है, निराश के लिए दिन का प्रकाश है, ठहरे हुए के लिए धूप है, कष्ट से निवारण कुदरत का सर्वोत्तम तोहफा है।

❁ ❁ ❁

## मुसकराहट

त्योरी के बजाय मुसकराहट से मांसपेशियों को ज्यादा आराम मिलता है; चेहरा सहज और कोमल बना रहता है।

❁ ❁ ❁

## मूर्ख

जो व्यक्ति प्रश्न करता है, वह पल भर के लिए अपने को मूर्ख सिद्ध

करता है, लेकिन जो व्यक्ति प्रश्न ही नहीं करता, वह जीवन भर मूर्ख रहता है।

❁ ❁ ❁

**मूर्खता**

किसी को डाँटना मूर्खता है। याद रखें, ईश्वर ने सबको एक जैसी बुद्धि नहीं दी है।

❁ ❁ ❁

**मेहनत**

आपके लिए धरती पर कुछ नहीं बना, जरूरत है कि आप कड़ी मेहनत से उपलब्धियाँ हासिल करें।

❁ ❁ ❁

कड़ी मेहनत का फल मीठा होता है। डटे रहें, मेहनत करते रहें और जिस दिन आप विषय की गहराई तक इंच भर पहुँचने में कामयाब होंगे, बस उसी दिन से विचारों की गहराई बढ़नी शुरू हो जाएगी।

❁ ❁ ❁

कड़ी मेहनत लक्ष्य हासिल करने का एकमात्र रास्ता है।

❁ ❁ ❁

कड़ी मेहनत से हासिल की गई सफलता सबसे ज्यादा संतोषजनक होती है।

❁ ❁ ❁

मेहनत से किस्मत के ताले खुलते हैं, पर अगर साथ में इनसान के चेहरे पर मुसकान हो तो भाग्य आपके पैरों पर होता है।

❁ ❁ ❁

मेहनत से कौन सी चीज हासिल नहीं की जा सकती।

## मेहनती

मेहनती व्यक्ति के लिए आराम से ज्यादा महत्त्वपूर्ण कुछ नहीं होता, जबकि आलसी व्यक्ति आराम केवल समय नष्ट करने के लिए करता है। ध्यान रखें कि आराम के बाद कुछ खास करने की शक्ति मिलती है। इसका सही उपयोग करना जरूरी होता है।

❁ ❁ ❁

□

# य

## यंत्र

यंत्र क्रांति से नहीं, घर्षण से नष्ट होते हैं।

❁ ❁ ❁

## यकीन

यकीन होने पर कोई प्रश्न नहीं होता और बिना यकीन के कोई उत्तर नहीं होता।

❁ ❁ ❁

## यकीनन

आपके बगलवाले मकान में यदि केवल तीन गानों को बार-बार जोर से बजाया जाए तो यकीनन आप मान लेंगे कि आपके पड़ोसी के पास केवल तीन गानों का ही संग्रह है।

❁ ❁ ❁

## याद

आप जो याद करना चाहते हैं, उसे लिखने की कोशिश करें। इस प्रकार पढ़ा हुआ याद करना आसान हो जाता है।

❁ ❁ ❁

जो ज्ञान उपयोग में लाया जाता है, केवल वही हमें याद रहता है।

❁ ❁ ❁

शायद एक दिन हम सब एक-दूसरे को सिर्फ यह सोचकर खो देंगे कि वह मुझे याद नहीं करता तो मैं क्यों करूँ?

❁ ❁ ❁

## याददाश्त

याददाश्त का कमजोर होना कोई कारण नहीं हो सकता, बहाना जरूर हो सकता है।

❁ ❁ ❁

याददाश्त मजबूत करने के लिए एकाग्रता और जोर-जोर से पढ़ने के तरीके को कई महान् लोगों ने बहुत कारगर बताया है।

❁ ❁ ❁

याददाश्त में भ्रम के लिए जगह नहीं होती। याददाश्त का सटीक होना अत्यंत आवश्यक होता है।

❁ ❁ ❁

विषय में रुचि न होने के बावजूद ध्यान से पढ़ने की कोशिश करनी चाहिए। इस अभ्यास से याददाश्त मजबूत होती है।

❁ ❁ ❁

## योग्यता

दो बहुमूल्य योग्यताएँ—पहली, सोचने-समझने की योग्यता। दूसरी, चीजों को उनकी अहमियत के हिसाब से व्यवस्थित करने की योग्यता।

□

# र

**रचनात्मक**

रचनात्मक रहें, स्वयं को हर कहीं बेकार खर्च न करें।

❁ ❁ ❁

**रफ्तार**

यदि कोई रेलगाड़ी 110 किलोमीटर प्रति घंटे की रफ्तार से दौड़ रही है तो मुमकिन है कि आप उस रफ्तार पर ध्यान न देंगे, लेकिन यदि अचानक रेलगाड़ी 20 किलोमीटर प्रति घंटे की रफ्तार पर चलने लगे तो आपका ध्यान जरूर आकर्षित होगा।

❁ ❁ ❁

**रास्ता**

किसी आदमी के दिल तक जाने का सही रास्ता है, उससे उस चीज के बारे में बात करना, जिसे वह सबसे ज्यादा चाहता है।

❁ ❁ ❁

**राष्ट्र**

प्रत्येक राष्ट्र अपने को दूसरे राष्ट्रों से श्रेष्ठ अनुभव करता है। इससे देशभक्ति उत्पन्न होती है और साथ ही युद्ध भी।

❁ ❁ ❁

## रिश्ता

अगर दो करीब लोगों में कभी लड़ाई या तकरार न हो तो समझ लेना कि रिश्ता दिल से नहीं, दिमाग से निभाया जा रहा है।

❁ ❁ ❁

## रुचि

किसी ने कहा है कि हम तभी किसी में रुचि लेते हैं, जब वह हममें रुचि लेता है।

❁ ❁ ❁

यदि आप लोगों में रुचि लें, उन्हें अपने बारे में बताने का मौका देकर उन्हें महत्त्व दें तो लोग आपसे मिलना और दोस्ती करना पसंद करेंगे।

❁ ❁ ❁

यदि आप शिक्षा प्रदान करना चाहते हैं या किसी को प्रभावित करना चाहते हैं तो उस व्यक्ति में रुचि का भाव पैदा करना जरूरी होता है।

□

# ल

## लक्ष्य

अपने मिशन में कामयाब होने के लिए आपको अपने लक्ष्य के प्रति एकाग्रचित्त एवं निष्ठावान् होना पड़ेगा।

❁ ❁ ❁

अपने लक्ष्य को इतना महान् बना दो कि व्यर्थ के लिए समय ही न बचे।

❁ ❁ ❁

सच्ची लगन और मेहनत से किसी भी लक्ष्य की प्राप्ति की जा सकती है। लक्ष्य-प्राप्ति में देरी जरूर हो सकती है, लेकिन सफलता को कोई नहीं रोक सकता।

❁ ❁ ❁

## लगन

इच्छा से लक्ष्य की प्राप्ति होती है। सच्ची लगन हो तो स्वयं ईश्वर भी मिल जाता है। खटखटाने से ही दरवाजा खुलता है।

❁ ❁ ❁

## लय

गति का सबसे निपुण उदाहरण लय है। ठहराव भी लय का अहम हिस्सा है।

❁ ❁ ❁

## लापरवाही

लापरवाही के साथ सुनी गई बात कभी याद नहीं रहती। ध्यान से सुनिए, जानकारी जरूर याद रहेगी।

❁ ❁ ❁

लापरवाही से पढ़ने की आदत याददाश्त को नुकसान पहुँचाती है।

❁ ❁ ❁

## लाभदायक

लोगों की निंदा करने की बजाय उन्हें समझने की कोशिश करें। यह आकलन करने की कोशिश करें कि वे क्या कहते हैं और क्या करते हैं। यह करना आलोचना व निंदा करने की तुलना में ज्यादा लाभदायक एवं दिलचस्प होगा और यह सहानुभूति, सहिष्णुता तथा करुणा को जन्म देगा।

❁ ❁ ❁

## लोग

जब आप लोगों के साथ काम करें तो ध्यान रखें कि आप तार्किक प्राणियों के साथ काम नहीं कर रहे हैं, बल्कि पूर्वग्रह, गर्व और घमंड से प्रेरित लोगों के साथ काम कर रहे हैं।

❁ ❁ ❁

ज्यादातर लोग अपेक्षित प्रभाव छोड़ने में नाकाम रहते हैं, क्योंकि वे ध्यानपूर्वक बात नहीं सुनते।

❁ ❁ ❁

ज्यादातर लोग ज्ञान और प्रतिभा की कमी से नहीं हारते, बल्कि इसलिए हार जाते हैं, क्योंकि वे जीत से पहले ही मैदान छोड़ देते हैं।

❁ ❁ ❁

ध्यान रखें कि लोग पूरी तरह गलत हो सकते हैं, लेकिन वे ऐसा नहीं मानते।

□

# व

## वक्त

कोई इतना अमीर नहीं कि अपना पुराना वक्त खरीद सके। कोई इतना गरीब नहीं कि अपना आनेवाला वक्त न बदल सके।

❁ ❁ ❁

## वक्ता

जो वक्ता अपने जीवन की सीख के बारे में चर्चा करते हैं, कभी अपने श्रोताओं की बातों से विमुख नहीं होते।

❁ ❁ ❁

वक्त जैसा भी हो, बदलता जरूर है, इसलिए अच्छे वक्त में कोई ऐसी गलती न करें, जिससे बुरे वक्त में अच्छे लोग आपका साथ छोड़ दें।

❁ ❁ ❁

छोटे–मोटे प्रहार की परवाह करनेवाले वक्ता आक्रामक संदेश देने में विफल साबित होते हैं।

❁ ❁ ❁

एक आदर्श वक्ता के भाषण में महत्त्वहीन शब्द नदी की सतह की तरह जलमग्न रहते हैं।

❁ ❁ ❁

एक आदर्श वक्ता बोले जानेवाले वाक्य के अहम शब्द को पर्वत शिखर के तौर पर पेश करता है।

❋ ❋ ❋

केवल वही वक्ता आश्वस्त होने का हकदार है, जिसने पहले से तैयारी कर रखी है।

❋ ❋ ❋

**वश**

हर किसी को खुश करना शायद हमारे वश में न हो, लेकिन किसी को हमारी वजह से दुःख न पहुँचे, यह तो हमारे वश में है।

❋ ❋ ❋

**वशीभूत**

वशीभूत करनेवाले व्यक्ति के व्यक्तित्व में आकर्षण की कला का चरम बिंदु देखने को मिलता है। वशीभूत हो चुके व्यक्ति से कहा जाता है कि वह पानी में है। व्यक्ति इस कथन को सत्य मान लेता है और तैराक की तरह हाथ–पैर मारने लगता है।

❋ ❋ ❋

**वाक्पटुता**

वाक्पटुता देशभक्ति और आत्मनिष्ठा का एक रूप है।

❋ ❋ ❋

**वार**

जोर से हाथ झटकने और चिल्लानेवाले व्यक्ति से डरने की जरूरत नहीं है। याद रखें, गुस्से से लाल आँख और दमकते चेहरेवाला गंभीर व्यक्ति एक ही वार में ढेर कर सकता है।

❋ ❋ ❋

## वार्त्ताकार

अगर आप अच्छे वार्त्ताकार बनना चाहते हैं तो जागरूक श्रोता बनें। दिलचस्प होने के लिए दिलचस्प बनें। ऐसे सवाल करें कि लोगों को उनके जवाब देने में मजा आए। उन्हें उनके और उनकी उपलब्धियों के बारे में बात करने के लिए प्रोत्साहित करें।

❋ ❋ ❋

## वार्त्तालाप

दूसरे लोगों की रुचि के अनुरूप वार्त्तालाप करें।

❋ ❋ ❋

## विचलित

लोगों के बारे में सोचकर एक भी मिनट बरबाद करना उन्नति के मार्ग से विचलित होना है।

❋ ❋ ❋

## विचार

विचार किसी चमत्कार और आशीर्वाद के मोहताज नहीं होते हैं।

❋ ❋ ❋

हमारे विचार हमें वही बना देते हैं, जैसे हम होते हैं।

❋ ❋ ❋

विचार जहाँ एक तरफ शक्ति प्रदान करते हैं, वहीं शक्ति का सुरक्षित रूप से संचय भी करते हैं।

❋ ❋ ❋

विचार निर्जीव नहीं होते। विचारों में सक्रिय ऊर्जा होती है। विचार कार्यशीलता का स्रोत होते हैं।

❋ ❋ ❋

विचारों का दूसरा नाम भाग्य होता है।

❁ ❁ ❁

विचार लगातार कार्यशील रहते हैं।

❁ ❁ ❁

विचार सुनना, विचार बताना और अच्छे विचार पर अमल करना तीनों ही महत्त्वपूर्ण हैं।

❁ ❁ ❁

विचारों की कड़ी को एक साथ जोड़ने का अभ्यास करते रहिए, विचारों की जंजीर खुद-ब-खुद बननी शुरू हो जाएगी।

❁ ❁ ❁

विचारों की कमी की स्थिति में दिमाग को इधर-उधर भटकाने की जगह विषय से संबंधित जानकारी हासिल करनी चाहिए।

❁ ❁ ❁

विचारों की प्रबलता में सचेत रहने का गुण शामिल होता है, विशेष तौर पर प्रकृति के नियमों और कारणों को समझने में होता है। इस तरह की प्रतिभावना से वक़्ता स्वयं मानसिक व शारीरिक शक्ति का संचालक बन जाता है।

❁ ❁ ❁

विचारों की प्रबलता व्यक्त करनेवाले वक्ता के समक्ष दर्शक मूक हो जाते हैं। ऐसी स्थिति में विचारों के प्रभाव से बाहर निकलना मुश्किल हो जाता है।

❁ ❁ ❁

विचारों की स्पष्टता, विशेष उद्‌देश्य, दृढ़ निश्चय, निर्भीक स्वभाव, दीप्तिमान आँखें, जुबान पर लहराते शब्द और विषय पर ध्यान केंद्रित करने की शक्ति से वाक्पटुता का जन्म होता है।

विचारों को जन्म देने के लिए तैयारी के महत्त्व को नजरअंदाज नहीं किया जा सकता।

❁ ❁ ❁

विचारों में भटकाव से याददाश्त पर नकारात्मक असर पड़ता है। किसी चीज को याद रखने के लिए केवल उसपर ध्यान देने की जरूरत होती है। जरूरत से ज्यादा ध्यान देना भी याददाश्त के लिए हानिकारक होता है।

❁ ❁ ❁

विचारों से खाली दिमाग को नई एवं उपयोगी जानकारी से भरना चाहिए।

❁ ❁ ❁

किसी विचार को प्रभावशाली ढंग से प्रस्तुत करने के लिए हलका सा विराम लें, दिमाग की शक्तियों को संयोजित करें, फिर नए जोश के साथ अपने विचार को प्रस्तुत करें।

❁ ❁ ❁

बिखरे हुए विचार पहले-पहल धुँधले होते हैं, लेकिन धीरे-धीरे विचारों का स्वरूप स्पष्ट होने लगता है। तथ्यों की एक कड़ी दूसरी कड़ी से जुड़ने लगती है, अंततः एक महान् विचार का जन्म होता है। एक ऐसा विचार, जिसकी शक्ति बहुत प्रबल होती है। विचार वक्ता के मस्तिष्क में जोर-जोर से चिल्लाता है, 'जागो, मैं तुम्हारा विषय हूँ। अब मुझे अपने शब्दों के जादू से महान् स्वरूप देने में जुट जाओ।'

❁ ❁ ❁

जब तक विचार पूर्णतया विकसित न हों, तब तक न बोलें।

❁ ❁ ❁

घुप्प अँधेरी रात का प्रभाव, पानी का बहता झरना, जगमगाते शहर,

सूर्योदय का निर्मल उजाला, भेड़ों का झुंड एवं दूर तक फैला समुद्र गुमनाम हसरतों और लुत्फ को जन्म देता है। ऐसे में हम किसी प्रिय घटना की कल्पना करते हैं। अंतर्मन से उत्पन्न विचारों का भाव संदेश में छुपी सच्चाई और गहराई को प्रदर्शित करता है।

❁ ❁ ❁

अगर आप अपने साथियों को दिखा सकें कि आप उनके विचारों को ग्रहण करने के इच्छुक हैं तो इस बात की संभावना बढ़ जाती है कि वे भी आपके विचारों के प्रति ज्यादा ग्रहणशील होंगे।

❁ ❁ ❁

आँखों की चमक के साथ विचारों को भी चमक मिलती है। आँखों को दिल का रोशनदान माना जाता है।

❁ ❁ ❁

जैसे पानी भरकर गिलास से हवा को बाहर निकाला जा सकता है, उसी प्रकार विचारों के माध्यम से उत्तेजना और भय से भी छुटकारा पाया जा सकता है।

❁ ❁ ❁

जो व्यक्ति अपने आप को किसी एक विचार के प्रति पूर्णतया समर्पित कर देता है, वह समय आने पर अवश्य ही कुछ–न–कुछ प्राप्त करता है। यदि उसमें तनिक भी योग्यता और सामान्य ज्ञान है तो उसे सफलता के साथ–साथ यश भी प्राप्त होगा।

❁ ❁ ❁

जब तक छात्रों पर खुद के विचार विकसित करने की जगह दूसरों के विचारों को याद रखने का दबाव रहेगा, तब तक ज्ञानी और अज्ञानी का मौजूदा अनुपात बरकरार रहेगा।

तर्क की सत्यता का आकलन नहीं किया जा सकता। तर्क-वितर्क के जरिए विचारों के महत्त्व को स्पष्टता से समझा जा सकता है।

❁ ❁ ❁

दो विचारों के बीच संबंधों के रहस्य को जानने से हास्य का जन्म होता है।

❁ ❁ ❁

अध्ययन में रुचि पैदा होगी तो जानकारी बढ़ेगी, जानकारी बढ़ेगी तो उत्तम विचार विकसित होंगे।

❁ ❁ ❁

## विफल

अगर आप यह मानते हैं कि विफल हो जाएँगे तो तुम्हें कोई उम्मीद नहीं बचती। आप विफल ही होंगे। अगर आप योग्य नहीं है और दूसरों के कंधों पर काम डाल देते हैं तो विफलता के लिए तैयार रहें।

❁ ❁ ❁

## विपत्ति

विपत्ति इनसान के लिए अस्थायी रूप से दुःखों एवं चिंताओं का चक्रवात तो लाती है, किंतु इस सत्य से बिल्कुल इनकार नहीं किया जा सकता कि यदि जीवन में दुःख, गम एवं दर्द न हों तो व्यक्ति का विकास मुकम्मल नहीं हो पाता।

❁ ❁ ❁

## विराम

एक क्षण का विराम व्यक्तित्व को शेष भीड़ से पृथक् कर देता है, यह आश्चर्य की बात है।

❁ ❁ ❁

## विरोध

प्रखर उल्लंघन और दृढ़ विचारों के प्रति विरोध की गुंजाइश बहुत कम होती है।

❁ ❁ ❁

## विशेषताएँ

अगर आपको देखना ही है तो दूसरों की विशेषताएँ देखिए, अगर आपको कुछ छोड़ना ही है तो अपनी कमजोरियाँ छोड़िए।

❁ ❁ ❁

## वीरान

निराश मन को गुलाब से महकता उद्यान भी वीरान महसूस होता है।

❁ ❁ ❁

## व्यक्ति

अगर आप मनपसंद व्यक्ति बनने की प्रक्रिया में नहीं हैं तो आप स्वत: ही वैसे व्यक्ति बनने लगेंगे, जैसे आप नहीं बनना चाहते हैं।

❁ ❁ ❁

सुसंगृहीत दिमाग, व्यापक अनुभव और संवेदनशीलता रखनेवाला व्यक्ति किताबों के मुकाबले इन गुणों से ज्यादा सीखता है।

❁ ❁ ❁

एक सफल व्यक्ति वह है, जो औरों द्वारा अपने ऊपर फेंके गए ईंट-पत्थरों से एक मजबूत नींव बना सके।

❁ ❁ ❁

केवल शुद्ध आत्मा और साफ विचारोंवाला व्यक्ति ही शिखर पर पहुँच सकता है।

❁ ❁ ❁

एक ही तरह के भोजन से व्यक्ति बहुत जल्दी उकता जाता है।

❁ ❁ ❁

किसी का ध्यान आकर्षित करने का सबसे बेहतर तरीका उस व्यक्ति पर ध्यान न देना ही होता है।

❁ ❁ ❁

जिस व्यक्ति का उद्‌देश्य स्थिर है, उसका मुकाबला कोई भी नहीं कर सकता। जिसके जीवन का कोई उद्‌देश्य नहीं, वह भला कैसे सफल हो सकता है।

❁ ❁ ❁

जिस व्यक्ति के पास कल्पनाशक्ति नहीं है, यानी उसके पास पंख ही नहीं हैं।

❁ ❁ ❁

व्यक्ति के स्वच्छ विचार वाणी को सहज एवं आकर्षक बनाते हैं। व्यक्ति को अपना सही आचरण दरशाने के लिए न तो ज्यादा निपुण दिखने का प्रयत्न करना चाहिए और न ही ज्यादा बड़ा जानकार दिखने की कोशिश करनी चाहिए। व्यक्ति को जानने के लिए उसे सुनना आवश्यक होता है।

❁ ❁ ❁

व्यक्ति खुद चुने गए रास्ते पर लगातार आगे बढ़ता रहता है। वहीं अरुचिकर विषय से व्यक्ति का ध्यान धीरे-धीरे हटता रहता है।

❁ ❁ ❁

व्यक्ति में आंतरिक शक्ति को जुटाकर उसे प्रभावशाली ढंग से प्रस्तुत करने की असीम प्रतिभा होती है।

❁ ❁ ❁

देख-समझकर ज्ञान प्राप्त करने में असफल व्यक्ति नेत्रहीन के समान होता है।

❁ ❁ ❁

जिस व्यक्ति के पास तकनीकी ज्ञान के साथ-साथ विचार व्यक्त करने की योग्यता होती है, वह नेतृत्वकर्ता बन जाता है और लोगों को प्रोत्साहन एवं प्रेरणा से भर देता है, ऐसा व्यक्ति पैसे में खेलता है।

❁ ❁ ❁

कोई व्यक्ति यदि रोज एक अच्छा काम करता है तो अचरज की कोई बात नहीं है, क्योंकि दूसरों को खुश करने की चेष्टा में हम अपने बारे में सोचना बंद कर देते हैं; चिंता, भय और खिन्नता की मूल वजह यही है।

❁ ❁ ❁

कोई व्यक्ति जब तक किसी दिशा की ओर स्थिरतापूर्वक अपनी कार्यशक्ति को प्रेरित नहीं करता, तब तक वह अपने गंतव्य स्थान पर नहीं पहुँच सकता।

❁ ❁ ❁

चालाक-से-चालाक व्यक्ति अपने भाव छुपाने के लिए कितना भी छल क्यों न कर ले, असल इरादे को पूरी तरह नहीं छुपा पाता।

❁ ❁ ❁

कई व्यक्ति पूर्ण रूप से अपना जीवन सुझावों के हवाले कर देते हैं, वहीं कई व्यक्तियों पर सुझावों का असर ही नहीं होता है।

❁ ❁ ❁

कठोर सत्य है कि एकाग्र न हो सकनेवाले व्यक्ति में या तो इच्छाशक्ति की कमी होती है या वह घबराहट की बीमारी से ग्रसित होता है या फिर उसे

इच्छाशक्ति के महत्त्व की जानकारी ही नहीं होती है।

❁ ❁ ❁

किसी व्यक्ति की प्रवृत्ति को समझकर उसके चरित्र के विषय में जानकारी हासिल की जा सकती है।

❁ ❁ ❁

मुझे ऐसे व्यक्ति से मत मिलाना, जो सोचता है कि वह सोचता है। किसी ऐसे व्यक्ति से भी मत मिलाना, जो सोचता है कि वह जानता है। मुझे ऐसे व्यक्ति से मिलाना, जो जानता है कि वह सोचता है और मैं ऐसे व्यक्ति को जानता हूँ, जो जानता है कि वह जानता है।

❁ ❁ ❁

किसी व्यक्ति के कंधों पर क्षमता से ज्यादा बोझ नहीं रखा जा सकता।

❁ ❁ ❁

किसी व्यक्ति के लिए उसका दाँतदर्द चीन में आए उस सूखे और अकाल से अधिक महत्त्वपूर्ण हो सकता है, जिसमें लाखों लोग हताहत हो गए हों।

❁ ❁ ❁

किसी व्यक्ति को बलपूर्वक आकर्षित करने के मुकाबले उसे मोहित करना ज्यादा उत्तम तरीका है।

❁ ❁ ❁

किसी व्यक्ति के लिए उसका नाक का फोड़ा अफ्रीका में आए सैकड़ों जलजलों से ज्यादा अहम होता है।

❁ ❁ ❁

किसी समूह, झुंड और गुट की मनोवैज्ञानिक स्थिति व्यक्ति विशेष की मन:स्थिति से भिन्न होती है।

❁ ❁ ❁

भीड़ का अपना अलग अस्तित्व होता है। कारण से प्रभावित होकर व्यक्ति कई व्यक्तिगत भावनाओं और उद्देश्यों को दबा लेते हैं। लेकिन भीड़ की भावनाओं और उद्देश्यों को दबाने में किसी कारण का जोर नहीं चलता।

❁ ❁ ❁

## व्यक्तित्व

अगर आप सोचते हैं कि आप आप नहीं, बल्कि कोई और होते, तो आप अपने अंदर के व्यक्तित्व को व्यर्थ कर रहे हैं। याद रखिए, हर व्यक्ति खास और अद्वितीय होता है।

❁ ❁ ❁

छिछली महिला, निर्दयी पुरुष, पथभ्रष्ट इनसान, व्यावहारिक व्यक्ति—सभी स्वर और लहजे के जरिए असल व्यक्तित्व को दरशा देते हैं।

❁ ❁ ❁

व्यक्ति के लिए अपने विचारों, भावनाओं और शारीरिक शक्तियों पर काबू रखना बेहद जरूरी है, ताकि बाहरी व्यक्तित्व के माध्यम से आंतरिक व्यक्तित्व को अबाधित अभिव्यक्ति का बोध कराया जा सके।

❁ ❁ ❁

व्यक्तित्व में बदलाव की प्रक्रिया धीमी हो सकती है, लेकिन नाकाम नहीं होती। प्रयत्न करने से उम्मीद के मुताबिक परिणाम अवश्य ही मिलते हैं।

❁ ❁ ❁

हर व्यक्ति अपने व्यक्तित्व में छिपी अदृश्य शक्तियों को निखारने की योग्यता रखता है।

हर व्यक्तित्व में सत्य की शुद्धता का पैमाना भिन्न होता है।

❁ ❁ ❁

## व्यवसाय

व्यवसाय लाखों की कमाई देता है, लेकिन समझ और क्षमा जैसे गुण आत्मनियंत्रण और चरित्र-निर्माण से ही आते हैं। व्याकुलता अनावश्यक व्याकुलता को जन्म देती है।

❁ ❁ ❁

## व्यवहार

किसी का व्यवहार बदलने के लिए उसके प्रति अपने आदर-सम्मान का स्तर बढ़ा दें। उसे यह दरशाएँ कि आप अमुक व्यक्ति की चारित्रिक विशेषताओं का तहेदिल से सम्मान करते हैं।

❁ ❁ ❁

अपने व्यवहार में संकोच के साथ विश्वास भी जाहिर करें।

❁ ❁ ❁

अपना व्यवहार इस तरह से रखना चाहिए कि अगर कोई तुम्हारे बारे में बुरा भी कहे तो कोई भी उसपर विश्वास न करे।

❁ ❁ ❁

## व्यस्त

आलस्य संदेह और भय पैदा करता है। कर्म विश्वास और साहस उपजाता है। यदि आप डर को जीतना चाहते हैं, तो घर पर बैठकर इसके बारे में मत सोचिए। बाहर जाइए और व्यस्त हो जाइए।

❁ ❁ ❁

## वस्तु

हमें इस बात पर ध्यान नहीं देना चाहिए कि कुछ दूरी पर कोई वस्तु पड़ी है, बल्कि जो वस्तु स्पष्ट: हमारे हाथ में है, उसपर ध्यान देना चाहिए।

□

# श

## शंका

शंका करने से शंका बढ़ती है, विश्वास करने से विश्वास बढ़ता है, यह आपकी इच्छा पर निर्भर है कि आप किस ओर बढ़ना चाहते हैं।

❁ ❁ ❁

## शक्ति

अपनी शक्ति को नीरसता में तब्दील न होने दें। उसे सकारात्मक रूप देने का प्रयत्न निरंतर जारी रखें।

❁ ❁ ❁

शांत रहने से शक्ति का सृजन होता है।

❁ ❁ ❁

किसी घटना के सभी पहलुओं को देखने और समझनेवाली बौद्धिक शक्ति दरअसल आँखों से ज्यादा दिमाग में होती है।

❁ ❁ ❁

जब हम बिल्कुल टूट जाते हैं और अपनी शक्ति के चरमोत्कर्ष को छू लेते हैं, तब हममें से कई निराशा में भरकर ईश्वर से मुखातिब होते हैं, 'लोमड़ी की इस माँद में कोई नास्तिक नहीं है।' लेकिन हम निराशा से घिरने तक का इंतजार क्यों करते हैं? क्यों नहीं रोज अपनी शक्ति में नवीनता लाते?

❁ ❁ ❁

भरोसा और उम्मीद ही वह शक्ति है, जिनसे आप अदृश्य को भी देख सकते हैं, अविश्वसनीय पर विश्वास कर सकते हैं और असंभव को भी संभव बना सकते हैं।

❋ ❋ ❋

## शब्द

लंबे शब्दों के मुकाबले छोटे शब्द ज्यादा प्रखर होते हैं।

❋ ❋ ❋

शब्द अभिव्यक्ति के परिणाम होते हैं।

❋ ❋ ❋

लक्ष्य साबित करनेवाले शब्द निस्संदेह आमतौर पर बोले जानेवाले शब्दों के मुकाबले ज्यादा गहरा प्रभाव डालते हैं।

❋ ❋ ❋

मेरे शब्द ऊपर उड़ते हैं, पर विचार सतह पर रहते हैं।

❋ ❋ ❋

अगर आपके पास देने के लिए कुछ भी नहीं है तो भी निराश मत होइए। प्यार और सम्मान के कुछ शब्द देने से भी आप हमेशा के लिए किसी के दिल में जगह बना सकते हैं।

❋ ❋ ❋

बिना सोचे बोले गए शब्द स्वर्ग तक नहीं पहुँचते।

❋ ❋ ❋

तकलीफ के लिए माफी, कृपया अगर आप बुरा न माने तो धन्यवाद, ये ऐसे शब्द हैं, जो दैनंदिन जीवन की नीरसता में रस भर देते हैं।

❋ ❋ ❋

ध्यान दें, यह मनचाही छूट मुझे बिना इसके बारे में एक शब्द कहे मिली है। मैं पूरे समय वह बोलता रहा, जो वे सुनना चाहते थे।

❁ ❁ ❁

असाधारण शब्दों के मुकाबले सामान्य शब्द ज्यादा प्रभावशाली सिद्ध होते हैं।

❁ ❁ ❁

इन शब्दों को हमें अपने-अपने दिल पर खोद लेना चाहिए—'सोचो और धन्यवाद दो।'

❁ ❁ ❁

## शरीर

शरीर के कपड़ों से ज्यादा अहमियत चेहरे के भावों की होती है।

❁ ❁ ❁

शरीर के किसी हिस्से में होनेवाली पीड़ा पर ज्यादा ध्यान केंद्रित करने से पीड़ा और बढ़ जाती है।

❁ ❁ ❁

शरीर में लचीलेपन से सहज अंदाज विकसित होता है, जबकि जटिल शरीर कड़े व्यक्तित्व का एहसास कराता है।

❁ ❁ ❁

शरीर में सूजन का आभास तभी होता है, जब शरीर का वह हिस्सा सुचारु रूप से काम करना बंद कर देता है।

❁ ❁ ❁

## शहद

अगर आप शहद इकट्ठा करना चाहते हैं तो छत्ते पर लात मत मारिए।

## शिकायत

पड़ोसी की छत की गंदगी की शिकायत न करें, जब आपकी स्वयं की दहलीज गंदी हो।

❁ ❁ ❁

## शिक्षा

शिक्षा का महान् लक्ष्य ज्ञान नहीं, बल्कि कर्म है।

❁ ❁ ❁

शिक्षा का मूल उद्‌देश्य दर्पणों को अवसर की खिड़कियों में बदलना है।

❁ ❁ ❁

शिक्षा जीवन की स्थितियों का सामना करने की योग्यता है।

❁ ❁ ❁

शिक्षा जीवन के हालातों से निबटने की योग्यता है।

❁ ❁ ❁

शिक्षा में दंड के स्थान पर प्रोत्साहन अधिक प्रभावशाली होता है।

❁ ❁ ❁

## शुक्रगुजार

मैं दिल से शुक्रगुजार हूँ उन तमाम लोगों का, जिन्होंने बुरे वक्त में मेरा साथ छोड़ दिया, क्योंकि उन्हें भरोसा था कि मैं मुसीबतों से अकेले ही निपट सकता हूँ।

❁ ❁ ❁

## शुरुआत

अगर हम शुरू नहीं कर सकते तो हम कभी पूरा भी नहीं कर सकते।

❁ ❁ ❁

**श्रम**

श्रम व्यक्ति को नहीं मारता, लेकिन चिंता जरूर मारती है।

❁ ❁ ❁

श्रम स्वास्थ्य के लिए लाभदायक होता है।

❁ ❁ ❁

**श्रोता**

विद्वानों ने मुझे बताया है कि वे अच्छे बातूनी से अच्छे श्रोताओं को प्राथमिकता देते हैं, लेकिन सुनने की योग्यता अन्य विशेषताओं की तुलना में बहुत कम देखने में आती है।

❁ ❁ ❁

अपने श्रोताओं को बताएँ कि आप क्या कहने जा रहे हैं, कहें और फिर उनसे पूछें कि आपने क्या कहा है।

□

# स

## संकल्प

संकल्प ही मनुष्य का बल होता है।

❁ ❁ ❁

## संगीत

सिरहन पैदा करनेवाला गहरा और गंभीर संगीत दुःख की भावना उत्पन्न करता है।

❁ ❁ ❁

## संबंध

संबंधों में संतुलन और सावधानी सफलता के लिए अति आवश्यक है।

❁ ❁ ❁

## सँभलना

हमारे साथ अधिकतर समस्या यही होती है कि हम झूठी तारीफ द्वारा बरबाद हो जाना तो पसंद करते हैं, लेकिन सच्ची आलोचना द्वारा सँभलना नहीं।

❁ ❁ ❁

## संतुष्ट

अगर आप नतीजों से संतुष्ट हैं तो बदलाव न करें। अगर संतुष्ट नहीं हैं तो उसी में जारी रहें।

❁ ❁ ❁

## संतुष्टि

मन के कार्य को करने में व्यक्ति को विशेष सुख और संतुष्टि प्राप्त होती है।

❁ ❁ ❁

## संवाद

प्रभावशाली संवाद की आवश्यकता दफ्तर के दरवाजे पर ही खत्म नहीं होती; बल्कि घर, स्कूल, चर्च और वैज्ञानिक प्रयोगशालाओं में भी होती है। वे सभी स्थान, जहाँ लोग परस्पर मिलते हैं, संवाद ही केंद्र में होता है।

❁ ❁ ❁

## सकारात्मक

कुछ लोग जीने का सकारात्मक दृष्टिकोण रखते हैं, इसलिए खुश रहते हैं। ऐसा नहीं है कि उनके जीवन में कोई परेशानी नहीं है।

❁ ❁ ❁

## सक्रियता

सक्रियता का मतलब यह नहीं है कि आप कामयाबी की ओर बढ़ रहे हैं, काठ का घोड़ा अपनी जगह पर लगातार हिलता है, परंतु आगे इंच भर भी नहीं बढ़ता।

❁ ❁ ❁

## सच्चाई

नग्न सच्चाई यह है कि प्रायः प्रत्येक मनुष्य, जिससे आप मिलते हैं, किसी-न-किसी रीति से अपने को आपसे श्रेष्ठ अनुभव करता है एवं उसके हृदय में पहुँचने का निश्चित मार्ग उसको किसी सूक्ष्म रीति से अनुभव कराना है कि आप उसके महत्त्व को उसके क्षुद्र जगत् में स्वीकार करते हैं और सच्चे हृदय से स्वीकार करते हैं।

❁ ❁ ❁

## सफल

जो सपने देखते हैं और उन्हें पूरा करने की कीमत चुकाने को तैयार रहते हैं, वे वही लोग हैं, जो सफल होते हैं।

❁ ❁ ❁

जो सिर्फ काम की बात करते हैं, वे अवश्य सफल होते हैं।

❁ ❁ ❁

लोग शायद ही कभी सफल हों, अगर वे अपने काम में मजा न लें।

❁ ❁ ❁

## सफलता

आप जो कर रहे हैं, जब तक उसे पसंद नहीं करते, तब तक आप सफलता नहीं पा सकते।

❁ ❁ ❁

विफलताओं से सफलता का विकास करें। निराशा और असफलता सफलता पाने के लिए दो सबसे मजबूत चट्टानें हैं।

❁ ❁ ❁

सफलता का एक आसान फॉर्मूला है, आप अपना सर्वोत्तम दीजिए और हो सकता है, लोग उसे पसंद कर लें।

❁ ❁ ❁

सफलता के पथिक स्व–पराजय के चक्र में नहीं पड़ते।

❁ ❁ ❁

सफलता के साथ छेड़छाड़ क्यों?

❁ ❁ ❁

सफलता वही है, जो तुम चाहते हो।

## सत्य

सच्चाई को ग्रहण करने के लिए आँख, कान, दिल व दिमाग को चौकन्ना रखिए और सही निर्णय पर पहुँचने के बाद ही सत्य को उजागर कीजिए।

❁ ❁ ❁

सत्य व्यक्तित्व की महानता का शिखर होता है, न्याय द्वारा इसको प्रयोग में लाया जाता है।

❁ ❁ ❁

ज्यादा महत्त्वपूर्ण है सत्य, क्योंकि सत्य अविनाशी होता है।

❁ ❁ ❁

याद रखें, जीवन से जुड़े वास्तविक सत्य को सुनना पसंद किया जाता है।

❁ ❁ ❁

लाखों खोजों और प्रयोगों के बावजूद आज भी कई अप्रदर्शित सत्य ऐसे हैं, जिनकी न तो जानकारी है और न ही कल्पना की जा सकती है।

❁ ❁ ❁

## समझदार

अगर आप हो सकते हैं तो अन्य लोगों की तुलना में समझदार हों, लेकिन उन्हें यह बताएँ नहीं।

❁ ❁ ❁

## सही-गलत

अगर आप समय के केवल पाँच प्रतिशत भी निश्चित रूप से सही हैं तो आप शेयर बाजार में जाकर एक ही दिन में लाखों डॉलर कमा सकते हैं। लेकिन यदि आप समय के केवल पाँच प्रतिशत भी निश्चित रूप से सही नहीं

हैं तो दूसरे लोगों को गलत क्यों कहते हैं?

❁ ❁ ❁

## समय

समय की चिड़िया के पास उड़ने के कई साधन होते हैं, जबकि एक वास्तविक चिड़िया अपने पंखों के सहारे ही फड़फड़ाती है।

समय के साथ वार्त्तालाप की हमारी ताजगी और स्वत:स्फूर्ति कम होती जाती है। आत्मविश्वास से इन कमियों को दूर किया जा सकता है।

❁ ❁ ❁

समय बीत जाने पर हमारा उबाल कम हो जाता है, इसलिए हमें तत्काल प्रतिक्रिया देने से बचना चाहिए। इससे अनेक अप्रिय स्थितियों और टकरावों को रोका जा सकता है।

❁ ❁ ❁

हमारे पास जीवन का ध्येय है, उसको पूरा करने का ही समय नहीं है।

❁ ❁ ❁

## समूह

लोगों का उत्तेजित समूह किसी भी भयानक विचार को अंजाम तक पहुँचाने की क्षमता रखता है।

❁ ❁ ❁

## सरलता

शिथिलता से सरलता का जन्म होता है।

❁ ❁ ❁

## सलूक

लोगों के साथ सलूक करते वक्त याद रखिए कि आप तर्कशील प्राणियों के साथ नहीं, बल्कि भावनात्मक प्राणियों के साथ काम कर रहे हैं।

## सम्मान

यदि नौकरानी आपके लिए आलू ले आती है, जबकि आपने गोभी माँगी थी तो कहें, "आपको कष्ट देने का मुझे खेद है, परंतु मुझे गोभी चाहिए थी।" वह उत्तर देगी, "नहीं, कोई कष्ट नहीं।" और बड़ी प्रसन्नता से गोभी ले आएगी, क्योंकि आपने उसका सम्मान किया है।

❁ ❁ ❁

श्रद्धा ज्ञान देती है, नम्रता मान देती है, योग्यता स्थान देती है, तीनों मिल जाएँ तो व्यक्ति को हर जगह सम्मान देती हैं।

❁ ❁ ❁

## सहमत

जब दो साथी हर बात पर सहमत लगें तो उनमें एक अवश्य कुछ बातों पर असहगत होगा। उसे दूसरे को धन्यवाद देना चाहिए कि उसे वे बातें पता चलीं, जो उसे मालूम नहीं थीं।

❁ ❁ ❁

## सजा

अत्यंत एकरूपता काल कोठरी की सजा के समान है।

❁ ❁ ❁

## सफलता

मैं तुम पर सफलता पाने में असफल रहा, तुमने मुझे हरा दिया। किंतु मैं इस असफलता से भयभीत होकर तुम पर विजय पाने का प्रयास नहीं छोड़ूँगा। मैं दुबारा कोशिश करूँगा तथा एक दिन तुम्हारे विशाल सीने पर अपने पैर रखकर तुम्हारे मस्तक तक पहुँचूँगा, क्योंकि दुनिया में भले जो कुछ हो जाए, किंतु तुम अब बड़े नहीं हो सकते, परंतु मैं अभी भी बढ़ सकता हूँ और मैं तुम्हें हराकर दिखाऊँगा।

❁ ❁ ❁

**समय**

जब हमारा समय अच्छा होता है, तब हमारी गलती को भी मजाक समझा जाता है, पर जब हमारा समय बुरा होता है, तब हमारे मजाक को भी गलती समझा जाता है।

❁ ❁ ❁

समय अच्छा हो या बुरा, एक बात याद रखिए, जब भी बोलिए, सच ही बोलिए।

❁ ❁ ❁

**समस्या**

मैं अपने बहुमूल्य अनुभव से इस नतीजे पर पहुँचा हूँ कि समस्याओं को लिखकर विश्लेषित करना ज्यादा आसान है। वास्तव में केवल तथ्यों को कागज पर लिखने और अपनी समस्या को स्पष्ट तौर पर कहने भर से हम एक मददगार संवेदनशील निष्कर्ष पर पहुँच सकते हैं। जैसे कि किसी ने कहा है—"समस्या को कह देने भर से वह आधी हल हो जाती है।"

❁ ❁ ❁

जब हम कुछ बुनियादी समस्याओं के बारे में नहीं सोचते तो निश्चित ही अपने आप में उलझे रहते हैं।

❁ ❁ ❁

**सपने**

जिन्हें सपने देखना अच्छा लगता है, उन्हें रात छोटी लगती है और जिन्हें सपने पूरे करना अच्छा लगता है, उन्हें दिन छोटा लगता है।

❁ ❁ ❁

**सरस**

'मुझे खेद है, आपको कष्ट हुआ', 'क्या आप कृपा करके', 'क्षमा कीजिए', 'आपको कष्ट दे रहा हूँ', 'धन्यवाद' इत्यादि शब्द जीवन के नीरस

एवं कठिन काम को सरल और सरस बना देते हैं और वे उत्तम शिक्षण की निशानी हैं।

❁ ❁ ❁

**सर्वाधिक**

अधिक हासिल करने का मतलब अधिक नहीं होता, अत: अधिक नहीं, सर्वाधिक की कामना करनी चाहिए।

❁ ❁ ❁

**साधना**

मौन एक साधना है और सोच-समझकर बोलना एक कला।

❁ ❁ ❁

**सामर्थ्य**

अपनी इंद्रियों पर काबू रखनेवाला व्यक्ति कमियों को दूर करने और उम्मीद के मुताबिक सुधार लाने का सामर्थ्य रखता है।

❁ ❁ ❁

**सिखाना**

अगर आप किसी को कुछ सिखाने की कोशिश करेंगे तो वह कभी भी नहीं सीखेगा।

❁ ❁ ❁

**सिद्धांत**

जैसे किसी मरे हुए घोड़े के खुरों में नाल ठोकने का कोई फायदा नहीं होता, उसी प्रकार एक नीरस वक्ता के लिए भाषा सुधारने के पुराने सिद्धांत किसी काम के नहीं होते।

❁ ❁ ❁

भाषा, स्वर-शैली और संकेतों जैसे उपयोगी गुणों को तब तक सीखना व्यर्थ है, जब तक इस प्रणाली के दो मुख्य सिद्धांत सामान्य अभिव्यक्ति,

स्वतंत्र विचार एवं स्व-विकास को जीवन में न उतारा जाए।

❁ ❁ ❁

## सीख

जिस भी मनुष्य से मैं मिलता हूँ, वह किसी-न-किसी बात में मुझसे श्रेष्ठ होता है और वह बात मैं उससे सीख सकता हूँ।

❁ ❁ ❁

मैं जिस भी व्यक्ति से मिला हूँ, कई बातों में मुझसे श्रेष्ठ रहा। इस प्रकार मुझे उससे कुछ-न-कुछ सीखने को मिला।

❁ ❁ ❁

## सीखना

सीखना एक सक्रिय प्रक्रिया है, हम कुछ करके ही सीखते हैं।

❁ ❁ ❁

## सूई

संसार में सूई बनकर रहें, कैंची बनकर नहीं। सूई दो को एक कर देती है और कैंची एक को दो कर देती है। सबको जोड़ें, तोड़ें नहीं।

❁ ❁ ❁

## सुझाव

सुझाव स्वयं कारण भी हो सकता है और प्रभाव भी। प्रभाव की महत्ता की वजह से सुझाव ग्रहण किया जाता है। कारण से प्रेरित सुझाव किसी विशेष परिस्थिति में पैदा होता है, अर्थात् कारण का महत्त्व प्रभाव पर हावी होता है।

❁ ❁ ❁

सुझावों को ग्रहण करने की मात्रा कभी भी समान नहीं होती। किसी प्रभावशाली व्यक्ति के सुझावों को ग्रहण करनेवाला व्यक्ति साधारण व्यक्तियों द्वारा दिए गए महत्त्वपूर्ण सुझावों को अनदेखा कर देता है।

## सुधार

अपने बच्चे, पति, पत्नी अथवा कर्मचारी से यह कहकर कि वह कुछ कामों में पूरी तरह मूर्ख-गँवार है, उसका कोई फायदा नहीं है, वह सब काम खराब कर देता/देती है, आप उनके सुधरने की पूरी गुंजाइश खत्म कर देते हैं।

❁ ❁ ❁

## सुनना

सुनना घरेलू जीवन के साथ-साथ सार्वजनिक जीवन में भी महत्त्वपूर्ण होता है।

❁ ❁ ❁

हमेशा कहने के लिए कुछ-न-कुछ रखें। जिसके पास कहने को कुछ नहीं होता, उसे सुनना पड़ता है।

❁ ❁ ❁

## सुर

प्यानो पर एक ही सुर को बार-बार बजाने से अरुचि, कर्कश स्वर और एकरूपता का एहसास होता है।

❁ ❁ ❁

## सूर्य

सूर्य मात्र कुछ पेड़ों और फूलों के लिए नहीं उगता। उसकी रोशनी दुनिया भर में प्रसन्नता फैलाती है।

❁ ❁ ❁

## सूरज

डूबते सूरज का सौंदर्य आनंदित नहीं करता, बल्कि गहरी उदासी की भावना को जन्म देता है।

❁ ❁ ❁

**सेवा**

बहुत कम लोग, जो निस्स्वार्थ भाव से दूसरों की सेवा करते हैं, बड़ा लाभ हासिल करते हैं।

❁ ❁ ❁

**सेहत**

पेड़ की सेहत सुधारने के लिए कुछ शाखों को काट देने से कोई फर्क नहीं पड़ता।

❁ ❁ ❁

**सैलाब**

यदि आपके दिमाग में भी विचारों का सैलाब उफान मारता है तो उसे रोकने की क्या जरूरत है?

❁ ❁ ❁

**सोच**

जो कुछ आपके पास होता है या जो आप कर रहे हैं, वही आपको खुश या दुःखी करता है। जो कुछ आप सोचते हैं, यह उसी पर निर्भर करता है।

❁ ❁ ❁

अच्छी संगति एवं उत्तम विचारों से आदर्श सोच विकसित होती है।

❁ ❁ ❁

अच्छी सोच कारण और परिणाम के बारे में विचार करती है, ताकि इसकी योजना तार्किक एवं रचनात्मक हो, वहीं बुरी सोच अकसर तनाव और परेशानी का सबब बन जाती है।

❁ ❁ ❁

व्यक्ति की हर खुशी, हर दुःख, हर उपलब्धि, हर असफलता, व्यक्ति का आकर्षण, कमजोरी—सबकुछ व्यक्तिगत सोच का ही परिणाम है।

❁ ❁ ❁

हमारी सोच ही हमारा निर्माण करती है।

❁ ❁ ❁

## सोचना

सोचना और तथ्यों को बारीकी से समझना सभी मानसिक अभ्यासों में श्रेष्ठतम अभ्यास है।

❁ ❁ ❁

सोचना तथ्यों को समझने का अंकगणित है।

❁ ❁ ❁

सोचने में ऊर्जा खर्च होती है। सोचने के लिए समय, धैर्य, विस्तृत जानकारी और स्पष्ट दृष्टिकोण की आवश्यकता होती है। आमतौर पर लोग सतही जानकारी को संपूर्ण मान लेते हैं, लेकिन उत्तम विचारक तथ्य की गहराई तक पहुँचने की कोशिश करता है।

❁ ❁ ❁

सोचे गए विचार और कड़े अभ्यास का फल अति स्वादिष्ट होता है।

❁ ❁ ❁

## सौंदर्य

गंभीर सौंदर्य से निराशा का भाव पैदा होता है।

❁ ❁ ❁

शोक सौंदर्य नष्ट करने का कारण होता है, वहीं प्रसन्नता से सौंदर्य बढ़ता है।

❁ ❁ ❁

सौंदर्य के महत्त्व को इश्तिहार चित्रित करनेवाले कलाकार से सीखा जा सकता है।

❁ ❁ ❁

## स्वभाव

किसी का सरल स्वभाव उसकी कमजोरी नहीं होता है।

❁ ❁ ❁

जन्मजात स्वभाव को धारण करना दुनिया का सरलतम कार्य है, अगर आप स्वयं को ही भूल गए तो आप जो प्रभाव छोड़ने की कोशिश कर रहे हैं, उसके बारे में भूल जाएँ।

❁ ❁ ❁

## स्वाभाविक

एक जैसे काम को सब लोग एक जैसी योग्यता के साथ संपन्न नहीं कर सकते, यह स्वाभाविक है।

❁ ❁ ❁

## स्वतंत्र

जिसकी भावना और विचार पहाड़ी झरनों की तरह स्वतंत्र होते हैं, उन्हें भाव व्यक्त करने में मेहनत नहीं करनी पड़ती।

❁ ❁ ❁

## स्वयं

स्वयं का संरक्षण जीवन का पहला नियम है तो आत्मत्याग महानता का पहला लक्षण है।

❁ ❁ ❁

स्वयं को दिशा दिखानेवाली सभी शक्तियों का आह्वान करें।

❁ ❁ ❁

स्वयं को महान् दिखाने की चेष्टा महानता की पहचान नहीं होती।

❁ ❁ ❁

स्वयं को शांत एवं निश्चयी बनाएँ।

❋ ❋ ❋

स्वयं को हानि पहुँचानेवाले कृत्य करना स्व-पराजय है।

❋ ❋ ❋

स्वयं से कहिए कि आप याद कर सकते हैं और आप में याद रखने के सभी गुण मौजूद हैं।

❋ ❋ ❋

स्वयं के विश्वास को मजबूत कीजिए और निपुणता की कल्पना कीजिए।

❋ ❋ ❋

**स्वर**

यदि आप स्वर की एकरूपता के प्रभाव को समझना चाहते हैं तो प्यानो के एक ही स्वर को बार-बार बजाते रहें, निस्संदेह आपको बोरियत का आभास होने लगेगा।

❋ ❋ ❋

निरंतर स्वर बदलने की कला प्राकृतिक उपहार है।

❋ ❋ ❋

स्वर में सौम्यता विकसित करने के लिए समाज के प्रति संवेदना होना बहुत जरूरी होता है।

❋ ❋ ❋

स्वर से सौम्यता और व्यक्तित्व में सहजता प्रेम से विकसित होती है।

❋ ❋ ❋

## स्वागत

हरेक का आगे बढ़कर स्वागत करें, जो ऐसा करता है, पूरी दुनिया को अपना बना लेता है। जो ऐसा नहीं करता, दुनिया में अकेला रह जाता है।

❁ ❁ ❁

## स्वार्थी

यदि हम इतने निंद्य रूप से स्वार्थी हैं कि दूसरे व्यक्ति से बदले में कुछ निचोड़ने का यत्न किए बिना थोड़ी सी प्रसन्नता विकीर्ण नहीं कर सकते अथवा उनकी थोड़ी सी प्रशंसा नहीं कर सकते, यदि हमारी आत्माएँ झाड़ियों के छोटे बेरों से बड़ी नहीं, तो हमारा विफल होना आवश्यक है और हम इसके पात्र हैं।

❁ ❁ ❁

स्वार्थी व्यक्ति के स्वभाव में आकर्षण, सहजता और मधुर आवाज बहुत दुर्लभ होती है।

❁ ❁ ❁

## स्थिरता

स्थिरता से गंभीर चिंतन की मन:स्थिति और गंभीर हो जाती है।

□

# ह

## हँसमुख

हँसमुख चेहरा एक जादुई आकर्षण है, जो हर किसी को मोह लेता है और मित्र बनाता है।

❁ ❁ ❁

## हजार

हजारों में से केवल एक ही व्यवित आँखों रो गिले अनुभव से ज्ञान प्राप्त करेगा और हजारों में से एक ही व्यक्ति खुद की सोच विकसित करने में कामयाब हो सकेगा।

❁ ❁ ❁

हजारों युगों का ज्ञान और अनुभव अध्ययन के जरिए प्राप्त किया जा सकता है।

❁ ❁ ❁

हजारों वक्ताओं में से केवल एक ही व्यक्ति विचारक होता है और हजारों विचारकों में से केवल एक व्यक्ति के पास दूरदृष्टि होती है।

❁ ❁ ❁

## हम

हम जीवन से जुड़े सत्यों को नजरअंदाज करते हैं, जबकि घटनाओं से

जुड़े दर्शन को समझना हर व्यक्ति के लिए बहुत महत्त्वपूर्ण होना चाहिए।

❁ ❁ ❁

हम जो काम कर रहे हैं, अगर उसमें रुचि नहीं लेंगे तो सफलता मिलना कठिन होगा।

❁ ❁ ❁

हम टमाटर का पौधा लगाकर स्ट्रॉबेरी की फसल की कामना नहीं करते, यह सार्वभौमिक सिद्धांत है।

❁ ❁ ❁

हम दूसरे के विचारों को पढ़ सकते हैं, विचारों को समझ भी सकते हैं, तो खुद विचार क्यों नहीं कर सकते?

❁ ❁ ❁

हम लोग भावनाओं द्वारा हाँके जाते हैं, पूर्वग्रहों से भरे होते हैं और गर्व तथा आडंबर द्वारा प्रेरित होते हैं।

❁ ❁ ❁

हम सभी को इतने आशीर्वाद और पुरस्कारों के लिए ईश्वर का शुक्रगुजार होना चाहिए।

❁ ❁ ❁

हम सभी संभावनाओं से भरे-पूरे होते हैं, लेकिन हमें इसकी जानकारी नहीं होती। हम बड़े काम कर सकते हैं, लेकिन उन्हें करने का सपना तक नहीं देखते।

❁ ❁ ❁

हम सामान्यतः ईर्ष्या के कारण दूसरों की बुराई कर स्वयं को हराते हैं।

❁ ❁ ❁

हममें से ज्यादातर लोग जितना सपने में भी नहीं सोच सकते, उससे कहीं अधिक साहस रखते हैं।

❋ ❋ ❋

हममें से अधिकतर लोग तभी साहस से बहुत दूर होते हैं, जब हम यह मान लेते हैं कि हम इसे नहीं कर पाएँगे।

❋ ❋ ❋

## हमला

हमला करनेवाले दुश्मनों से न डरें, चापलूसी करनेवाले दोस्तों से डरें। हमला करनेवाला शत्रुओं से भयभीत न हों। उन मित्रों से भयभीत हों, जो आपकी चापलूसी करते हैं।

❋ ❋ ❋

## हाजिरजवाबी

हाजिरजवाबी बहुत दिलचस्प होती है, गहरी छाप छोड़ती है और कभी-कभी सीधे दिल को छू जाती है।

❋ ❋ ❋

## हाथ

हाथों में जेबकतरों जैसी निपुणता होनी चाहिए, ऐसे हाथ, जो सदा काम पर लगे रहते हैं, इनके हाथों से कुछ नहीं छूटता। ऐसे हाथ लगातार कुछ-न-कुछ बटोरते रहते हैं।

❋ ❋ ❋

## हानिकारक

अति विश्वास हानिकारक होता है, लेकिन नाकामी के पूर्वाभास को झेलना और भी ज्यादा हानिकारक होता है।

❋ ❋ ❋

## हालात

ज्यों-ज्यों हम जीवन में आगे बढ़ते हैं, हमें अनेक दुखद हालातों का सामना करना पड़ता है, जो कि जीवन का हिस्सा है। उसे बदला नहीं जा सकता। चुनाव हमारे पास ही होता है; या तो हम उन्हें अपरिहार्य मानकर स्वयं को उसके अनुकूल ढाल लें अथवा उनसे भिड़कर अपना जीवन बरबाद कर लें और सदमे से नष्ट हो जाएँ।

❁ ❁ ❁

## हास्य

हास्य का किसी से मेल नहीं किया जा सकता। यह असंगत होता है।

❁ ❁ ❁

हास्य का स्वभाव शालीन होता है। इससे कभी चोट नहीं पहुँचती।

❁ ❁ ❁

हास्य वस्तुओं के बीच सामान्य संबंधों से ऊपर होता है।

❁ ❁ ❁

## हैरान

यदि आप किसी अन्य व्यक्ति के लिए किसी को छोड़ देते हैं तो आप इस बात पर हैरान मत होना, अगर वह व्यक्ति आपको किसी और के लिए छोड़ दे।

❁ ❁ ❁

## हौसला

यदि आपका हौसला मजबूत नहीं है तो जाहिर है कि आपके हाथ से तलवार गिर जाएगी।

□□□